油品销售企业运营管理

赵　明◎著

黑龍江大學出版社
HEILONGJIANG UNIVERSITY PRESS
哈尔滨

图书在版编目（CIP）数据

油品销售企业运营管理 / 赵明著. -- 哈尔滨 : 黑龙江大学出版社, 2022.6
ISBN 978-7-5686-0782-7

Ⅰ. ①油… Ⅱ. ①赵… Ⅲ. ①石油销售企业－工业企业管理－研究－中国 Ⅳ. ① F426.22

中国版本图书馆 CIP 数据核字 (2022) 第 038089 号

油品销售企业运营管理
YOUPIN XIAOSHOU QIYE YUNYING GUANLI
赵　明　著

责任编辑　张微微　邢会芳　蔡莹雪
出版发行　黑龙江大学出版社
地　　址　哈尔滨市南岗区学府三道街 36 号
印　　刷　哈尔滨市石桥印务有限公司
开　　本　720 毫米 ×1000 毫米　1/16
印　　张　9.75
字　　数　150 千
版　　次　2022 年 6 月第 1 版
印　　次　2022 年 6 月第 1 次印刷
书　　号　ISBN 978-7-5686-0782-7
定　　价　36.00 元

前　言

油品销售企业在国民经济发展中占有重要地位，这不单单是能源本身的性质决定的，更是国家经济发展战略所需要的，它的健康有序、平稳发展是国民经济发展的基础保障。石油行业经过前期膨胀式的发展，尤其在2005年成品油零售市场放开之后，各企业之间的管理差距有进一步加大的态势，因此强化油品销售企业运营管理势在必行。本书从运营和管理两个方面入手，着重从HSE管理体系、成品油业务管理、加油(气)站运营管理、石油库运营管理和非油品运营管理五个方面进行阐述，较为细致地从管理体系、管理流程、营销管理、设备设施、非油品运营等方面进行了具体说明，意在为广大读者和相关行业工作者提供一本具备可操性的基础读本。

本书引用了当下最新的国家标准、技术规范。笔者结合多年来的工作心得，提出了新形势下油品销售企业运营管理的新举措。

由于笔者水平有限，加之行业发展迅速，编写时间仓促，书中难免有不妥之处，恳望读者予以批评指正。

2022年4月

目　录

第一章　HSE管理体系

HSE管理体系是指健康(Health)、安全(Safety)和环境(Environment)三位一体的管理体系,是油品销售企业经营、管理、保障安全等日常行为的重要准则,贯穿着油品销售企业的各个领域。HSE管理体系的提出为石油石化企业安全、平稳、健康、可持续发展提供了坚实保障。

第一节　HSE管理体系的概述、剖析和实施

HSE管理体系是整体管理体系中的重要组成部分,它便于团体和组织对其相关业务的健康、安全和环境发展进行管理。体系的建立应以满足HSE管理目标为目的,同时要兼顾有效性和经济性。HSE管理体系是一个动态体系,在不断的变化中要持续地进行改进,以满足管理的要求。

一、HSE管理体系的形成和发展

20世纪后期,世界进入了和平发展时期。世界经济的快速发展带来的负面影响接踵而至,诸如多发的工业事故、能源短缺、环境污染严重等。受国际政治和经济全球化因素的影响,各国政府都在积极寻求解决问题的方案,通过法律手段进行经济宏观调控,降低事故发生的概率;企业也采取相应管理手段,保证人员的健康和对环境的保护。

HSE管理体系的形成与发展,是石油天然气在勘探、开发、炼制等多个领域经过多年工作积累形成的,它体现了一体化的管理思想。1974年,石油工业国际勘探开发论坛(E&P Forum)成立,有60多个国际成员。1999年,该组织更名为油气生产者国际协会(OGP)。它组织专项人员对健康、安全

和环境管理体系进行开发，在 HSE 管理体系形成和发展的过程中起到了重要作用。

20 世纪 80 年代后期，国际上的几次重大事故是推动 HSE 管理工作不断深化和发展的重要因素。1984 年 12 月印度博帕尔农药厂毒气泄漏事故，1988 年 7 月帕玻尔·阿尔法平台火灾事故，1989 年 3 月“埃克森·瓦尔迪兹”号油轮触礁溢油事故，都付出了惨痛代价。这些事故引起国际社会的普遍关注，人们认识到采取有效、完善的管理措施，可以有效避免再次发生重大事故。

20 世纪 90 年代，一些跨国公司和大型现代化联合企业，开始建立职业健康安全与环保管理制度，作为企业自律的行为准则，到 90 年代中期，引入了第三方认证原则。1989 年，壳牌石油公司颁发了职业健康管理导则，并发布了健康、安全和环境（HSE）方针指南。1991 年，在荷兰海牙召开了第一届油气勘探开发的健康、安全、环保国际会议，HSE 这一完整的概念逐步为大家所接受。1995 年，中国派代表加入了国际标准化组织 ISO/OHS 特别工作组；1999 年 10 月，国家经贸委颁发了《职业安全卫生管理体系试行标准》；2001 年 12 月，国家经贸委颁发了《职业安全健康管理体系指导意见》和《职业安全健康管理体系审核规范》。

二、HSE 管理体系的要素剖析

（一）领导和承诺

HSE 管理体系的核心是领导和承诺，是企业各层级管理者逐级进行的承诺。企业的最高管理者应在健康、安全和环境管理方面做出明确的承诺，并将其转化为必备的资源，以保证体系的建立、运营等可以有效开展，实现体系的战略目标。同时，企业还要创建和营造与之相匹配的企业文化。各层级管理者应对组织的承诺和自身应负的职责有明确的认识，并以此做出自己的承诺，各层级承诺要与组织承诺保持一致。

（二）战略目标和方针

战略目标和方针是由企业的最高管理者制定和发布的，它确定了企业的指导方向，为管理工作的开展提供了指导思想和行为准则。它还规定了企业在 HSE 管理工作当中明确的目标以及为实现这一目标所要遵循的方向和途径，是企业建立具体 HSE 目标的基础。企业 HSE 方针应至少包含遵守有关法律、法规和其他要求的承诺；包含对体系的持续改进和事故预防、保护员工安全健康的承诺；包含与上级组织方针的一致性和社会责任等内容。

（三）组织结构、资源和文件

组织结构、资源和文件是 HSE 体系运行的基本要素，是保证体系良好有效运行的必要条件。组织结构是指企业管理系统负有 HSE 管理责任的部门和人员的构成及职责，是企业 HSE 管理体系的具体管理机构组织状况；资源主要指可供使用的人力、财力、物力、技术和设备等内部资源，是 HSE 管理体系建立和运行的重要保障；文件是指 HSE 管理体系在建立、运行和保持过程中所形成的各种文档，一般分为 HSE 管理手册、程序文件、管理作业文件、作业指导书和其他文件。

（四）计划

企业在自己的全部工作程序中应制订实现 HSE 目标和表现准则的计划，计划应包括目标的明确表述、实现目标和表现准则的方法、资源需求、实施计划的时间表、评选先进制度、评价和完善的机制等内容。作为实现 HSE 企业方针和目标的方法，可行的改进计划是 HSE 管理体系的关键组成部分。这些计划需要充分的资源和来自全体人员的公开承诺，最理想的情况是使这些计划成为公司整体企业计划的一部分。

（五）实施和监测

实施和监测包括活动的实施和监测，及必要时采取的纠正措施，是 HSE 管理中的关键环节，是过程控制的体现。在 HSE 管理过程中，企业不同层次的人员负有不同的职责和担当不同的任务。企业应建立和保持工作程序，监测 HSE 表现的有关情况，记录和保存相应的监测结果，以利于 HSE 表现的持续改进。当发生了与管理体系及其操作和后果的规定要求不符合的情况时，企业应确定实施纠正措施的责任和主管人。

（六）审核和评审

审核和评审是 HSE 管理体系的最后一环，是定期对 HSE 管理体系的表现、有效性和持续适用性所进行的评估，是体系持续改进的必要保证。[①] 审核是对体系是否按照预定要求运行的检查和评价活动，可分为内部审核（审核组成员来自企业内部）和外部审核（应企业要求，由外部审核机构进行）；评审是对体系的充分性、适宜性和有效性进行的检查，由企业最高层组织进行。

三、HSE 管理体系的建立和实施

（一）HSE 管理体系建立的准备和策划

组织的最高领导者应对政策环境、体系实现怎样的管理目标、组织是否有能力建立体系等进行分析和决策。组织要对组织结构进行调整，明确责任、宣传和培训、制定完备的体系、审定工作实施计划等。开展组织管理体系调查，确保现有的质量管理体系、环境管理体系等与即将建立的 HSE 体系实现兼容。了解组织当前的健康、安全和环境管理状况，是实施 HSE 管理的前提。建立 HSE 管理组织，对原有组织机构进行调整，明确职责。建立体系之前还要在组织内部开展初始风险评价。

（二）HSE 管理体系文件的编制

文件包括 HSE 管理手册、程序文件、作业文件和记录与检查表。其中管理手册是对 HSE 体系的全面描述，是体系的文件索引。程序文件中通常要规定活动的目的、范围，做什么和由谁来做，何时做、怎么做，怎样对活动进行控制和记录。作业文件可分为指导管理工作的文件和指导基层作业过程的文件两类，应按照总体要求和具体情况进行编写。记录是实现体系精细管理和溯源的基础，检查表应针对每个岗位进行编制。最后所有文件编制

① 董国永，赵朝成．石油天然气工业健康、安全与环境管理体系培训教程［M］．北京：石油工业出版社，2000：54．

完成后要进行公开发布。

(三)HSE管理体系的实施

HSE体系文件公开发布之后,就进入了实施阶段。这个阶段重点要做好能力保证和支持措施两项工作。能力保证是体系对健康、安全和环境风险控制的保证能力,确保实现组织目标的能力。应做好优化资源配置、各级人员履行义务和职责等工作。支持措施是对健康、安全和环境管理体系运行起到支持作用的手段或要素。应做好交流沟通、文件与资料控制、风险管理和运行控制等工作。

四、HSE管理体系审核和管理评审

(一) HSE管理体系审核的策划和准备

HSE管理体系审核一般包括审核策划、审核准备、实施审核、编制审核报告、跟踪与验证和审核汇总六个过程。审核工作能否有效开展取决于审核的策划和准备情况。审核的策划一般指组织的年度审核方案,主要内容包括确定审核目的、审核方式、审核频次和时间、审核范围、审核准则、审核的主管部门及程序和职责、审核活动的资源需求。审核的准备主要内容包括组成审核组、编制审核工作文件、通知受审核单位和文件审核。

(二) HSE管理体系审核的实施

HSE管理体系审核的实施过程包括召开首次会议、收集审核证据、确定不符合项和编写不符合报告、编写审核报告、召开末次会议、跟踪和验证纠正措施。首次会议是审核组与受审核单位就审核事宜的见面会;审核证据的收集是审核的关键;确定不符合项和编写不符合报告要以客观事实为基础,以审核准则为依据;审核报告是对一次审核进行完整报告的文件;召开末次会议是对审核整个过程的反馈;跟踪和验证纠正措施指受审核单位针对审核中发现的不符合项进行分析并制定纠正措施,审核组要对此进行跟踪验证。

（三）HSE 管理体系的管理评审

管理评审的目的是通过最高管理层对组织 HSE 管理体系的适宜性、充分性和有效性进行全面审视，根据组织外部客观环境的变化情况，发现 HSE 管理体系存在的重大问题，并解决这些问题，从而改进组织的健康、安全与环境管理体系。要对管理体系进行全面评审，必须具备有关 HSE 管理体系的资料和信息，这些资料和信息就是评审依据或评审输入。与审核相似，管理评审也要经过策划、准备、实施、发布评审报告、跟踪与验证等阶段。评审报告是管理评审的输出，是对评审过程和结论的描述。

第二节　风险辨识与安全管理

HSE 体系中的“S”代表着安全，它是体系中的核心，涵盖着与安全相关的全部内容。管安全就是管风险，风险辨识是风险管理的开始，也是风险管理的重要内容。准确进行危害因素辨识、科学地进行评价、有效地开展控制，是风险管理的一个完整过程。

一、风险辨识管理

（一）危害因素辨识

危害因素辨识的主要内容包含因素辨识和分析、危险性分析、确定可接受的风险和制定应对措施等。通过危害因素辨识，找到可能存在的危险源，分析可能导致的事故类型、后果严重程度，评估当前采取的应对措施是否有效。危害因素强调的是危害的突发性和长期性两个性质：一是对人和物造成突发性损害的因素；二是对人和物造成长期性损害的因素。

1. 危害因素辨识方法

每种危害因素辨识方法都具备其自身的特点和适用范围，由于危害因素的多样性，使用一种方法往往无法全面地进行辨识，而要采用多种方法。常用的辨识方法有直观经验分析法和系统安全分析法。

直观经验分析法包含利用现有法律法规及相关标准进行的对照分析法，按照曾发生的事故、事件的材料进行的类比推断法，与技术骨干和专家进行的询问交谈法和在活动作业现场进行的现场观察法。

系统安全分析法包括事先将系统对象分解并逐项开展调查的安全检查表法，作业前对系统中存在的危险性类别、发生条件和导致的后果进行分析的预先危险分析法和利用描述事故因果关系的有方向的“树”的事故树分析法等。

2. 危险源和重大危险源

危险源是能量、危险物质集中的核心，是能量传出或爆发的地方。在某种因素的作用下，它可能是一个区域、设备及其位置或是场所，也可能是一个空间、部位或是岗位。危险源分为第一类危险源和第二类危险源：第一类危险源是在生产生活中存在能量或危险的物质；第二类危险源是使能量或危险失去控制的各类不安全因素。

危险化学品重大危险源指长期或临时地生产、储存、使用和经营危险化学品，且危险化学品的数量等于或超过临界量的单元。重大危险源的判定按照《危险化学品重大危险源辨识》(GB 18218—2018)执行。

(二)风险评价

危害因素辨识是风险管理的开始，接下来要对辨识出的风险进行评价，这样才能在后续环节中对风险控制采取有效措施，从而达到控制风险的总体目标。风险不能单纯地用大小来区分，不是风险越小就越好、越安全，而是要权衡这个风险造成事故的后果是否在可接受的范围内，这是最低合理可行原则。最低可接受标准需要根据国家、行业和企业的实际情况进行考虑，从多角度进行全面分析。通过危害因素发生的频次和产生的后果来确定风险等级，与可接受标准进行比对，从而按照主次进行控制。风险评估可以利用定性、半定量、定量和组合的方式进行开展。在无法开展定量评估的情况下，可以将风险事件的可能性、后果和风险等级用高、中、低来表示，进行定性评估。

较为常用的风险评价方法有 LEC 法和风险矩阵法，其各有特点。LEC

法的特点是简单，在企业内部容易实行，有利于掌握危险状况，有利于整改措施的实施。缺点在于三要素事故发生的可能性 L、暴露于危险环境中的频繁程度 E 和发生事故产生后果的严重性 C，由于三种因素的打分需要凭借主观经验，所以在准确性上主要依赖于参与者的水平。风险矩阵法广泛应用于石油石化行业，风险矩阵可以用来根据风险等级对风险、风险来源或风险应对进行排序。它的特点是危害发生的可能性较容易确定，缺点是无法对风险进行总计、具有较强主观色彩等。

（三）风险控制

在进行风险辨识和风险评价后，就要制定风险控制措施。从风险本身的性质上划分，可以将风险控制措施分为预防和避免事故发生的措施与减少后果影响的控制措施。

在制定风险控制措施时，应遵循“消除、替代、降低、隔离、程序、减少接触时间及个人防护装备”的顺序。可以利用“消除、替代、降低及隔离”等工程控制措施，首先考虑能否消除潜在危害或风险来源，如果无法消除风险，则考虑降低风险。还可以利用“程序、减少接触时间及个人防护装备”等管理控制措施来进一步减少风险。

在进行过初始的风险评价后，如果风险值大于我们规定的可接受值，则需要采取合适的风险控制措施，一般从工程技术措施、管理措施和个人防护用品三个角度来考虑。首先应该采取预防措施，防止可能触发事件的原因产生，然后再考虑如果事件发生，采取什么措施能防止更严重后果的发生，最后还要考虑后果发生后，应采取什么措施缓和严重后果造成的影响，风险控制最终达到的效果应遵循最低合理可接受原则。

（四）作业安全分析（JSA）

作业安全分析（JSA）又被称作作业危险分析（JHA），是一个以作业任务目标为导向的分析工具，可以在作业前利用这个方法将危害辨识出来，采取相应的措施，以防止事故的发生。这是一种定性分析方法，也是高危行业中普遍应用的一种风险管理工具。

作业安全分析是进行风险辨识、风险评价和风险控制管理过程中的一种工具,它的特征是需要分解作业步骤,这是作业安全分析实施过程中的第一步。作业步骤应按照作业实际程序进行分解,要严格按照流程顺序进行,不过于烦琐,也不能存有遗漏,同时做好记录。作业安全分析太过烦琐或存有较多遗漏都不利于整体的风险管理,一般可将步骤划分为3—9个,每个步骤应用确切的词语表述"具体做什么",用最简明扼要的字词去描述。

作业步骤分解完毕后,便开始辨识作业过程中的危害因素。危害因素辨识必须针对每项工作步骤进行开展。可事前编制危害因素辨识清单,按照清单内容逐步对照确认。然后,利用LEC法或风险矩阵法对发生的可能性和后果严重性进行风险评价。最后,针对辨识出的危害因素,考虑现有的预防和控制措施是否能控制住风险。如果不能有效控制,就要提出改进措施,直到有效控制。

作业安全分析不仅仅是简单易行的风险识别和管理工具,而且开展好危害辨识和风险评估,可以提高员工的安全意识、风险意识,知晓工作中的危害和风险,预防事故的发生,进一步夯实安全管理基础。持续不断地进行作业安全分析,有助于帮助员工了解各类作业活动中所面临的风险,以及违章可能带来的后果,可提高员工的安全技能,提高其遵守规章制度和操作规程的自觉性。

二、安全管理

(一)安全设备设施建设的常态化管理

安全设备设施的"三同时"配套建设只是一个开始,常态化管理应包含初期建设后开展的日常维护和后续升级改造等内容。设计单位在前期根据安全整体要求,在遵守国家相关法律法规的前提下,按照技术规范和标准结合项目实际进行设计,以此确保在源头上不出现缺陷,达到安全要求,符合各项技术标准。承包商和建设单位在施工期间要严格按照设计方案开展作业,不可随意更改。如实际情况确实发生变化,要在与设计单位沟通确认后,双方进行签字确认,才可变更。在施工结束后,设计单位、承包商和建设单位要进行验收,合格后再报政府相关部门开展验收。基层单位是安全设备设施常态化管理的主体,上级安全设备管理部门要带领和指导基层单位做好升级和改造工作。随着社会的不断进步,安全技术也在不断更新升级,企业需要按照新的技术标准有序进行更新换代。日常管理中,及时进行维护与保养是保证安全设备处于良好状态、延长设备使用寿命的最有效手段。

(二)专业安全管理人才队伍的发掘和培养

安全管理人员是安全管理工作当中的执行者,也是监督者。在执行者层面,他可以是基层单位的一般操作人员,也可以是企业机关当中负责安全管理工作的人员;在监督者层面,他可以是上下级关系,也可以是平级关系。全员参与安全管理是管理本身的需要,也是现代安全管理的基础。在全员中发掘和培养安全管理人员,形成长效机制。同时要注重内外部取证工作,提高助理工程师、工程师和高级工程师的比例。职称并不是唯一标准,要结合实际工作内容,科学合理对职称和实际工作能力提升进行规划。

(三)建立安全检查测评管理模式

检查、监督与指导是永远也不能分开的,工作的有效开展,除了制定切实可行的方案、流程之外,检查测评的制度也要与之配套,这是高质量开展工作的需要。可以依托现有的管理层级开展全面检查、监督与指导工作,通过各层级不同角度的监督指导,使安全管理工作全面无死角。可以利用现有的 HSE 等组织定期开展检查测评工作,将委员会和各分委会分层级有机结合,以问题为导向,建立全面、配套、针对性强的检查测评体系。同时,要注重系统筛查,强化系统管控,实现信息共享。

第三节　职业健康和劳动保护

HSE 管理体系中的"H"代表着健康,其中包括职业健康、劳动保护等内容。职业健康与劳动保护直接关系到员工的生命安全与身体健康,是员工应当享有的基本权益,保障员工健康权益、创造良好的工作环境、维护员工劳动安全权益是企业应尽的责任和义务。职业健康和劳动保护是油品销售企业基础管理工作的重要内容,应逐级履行职责,分级进行管理。

一、油品销售企业职业健康和劳动保护的目的和总体要求

(一)职业健康和劳动保护的目的

职业健康与劳动保护是一致的,目的是保障劳动者以健康的劳动力参加社会生产,促进劳动生产率的提高,保证社会主义现代化建设的顺利进行。

(二)职业健康和劳动保护的总体要求

油品销售企业应建立职业健康管理机构,由高层管理者总体负责,下设专项办公室,各专兼职管理人员负责具体开展职业健康管理工作。企业应逐级制定员工职业健康管理工作的年度计划,并按照计划具体执行。企业应将健康教育培训纳入总体培训计划,定期开展全员学习,普及职业病防治、劳动保护、健康生活方式、疾病预防、心理健康等知识。女员工除了按照企业的相关要求进行职业健康管理之外,还应遵照《女职工劳动保护特别规定》(中华人民共和国国务院令第619号)执行。

专项办公室应对员工职业健康情况进行分析,编制年度员工健康状况评估报告,内容应当包括职业健康风险辨识与评估、职业健康危害因素检测、人员异常监测、劳动保护、职业病防护,以及异常原因分析、改进和提升员工健康状况的具体措施等。企业应依法建立健全员工职业健康管理档案,进行动态管理。

二、油品销售企业职业健康和劳动保护的基本内容

(一)职业健康风险辨识与评估

油品销售企业应定期组织开展员工职业健康和身心健康风险辨识工作,建立健康危害因素清单。辨识应包括生产过程、劳动过程,以及工作环境中存在的各种化学、物理、生物等方面职业性有害因素。身心健康风险辨识应包括个人生活、行为方式、外部环境、遗传影响和卫生保健服务等危险

因素。风险辨识后,企业应对职业性有害因素和身心健康风险因素进行评估,根据评估结果开展日常监测、防护等工作。

企业和员工签订劳动合同或分配工作岗位时,应当在合同内容中告知员工与工作有关的健康危害因素及后果、工作过程中个人应采取的防护措施和应急措施等。

(二)职业健康危害因素检测与管理

企业应对健康危害因素进行动态管理,开展专项排查与综合治理。库站应委托具有相应资质的第三方机构,对作业场所每年至少进行一次职业危害因素检测,每三年进行一次职业危害现状评价,向员工公示,并向地方相关管理部门备案。作业场所应按规定设置职业病危害警示标识和安全标志,以及公布有关职业危害防治的规章制度、操作规程、作业场所职业危害因素检测结果等。

企业应协调统筹各种健康检查,综合确定检查项目、检查时间,每年应组织机关员工进行一次综合的健康检查。库站接触职业危害因素的在岗员工应每年进行一次职业健康检查,与职业危害接触有关检查项目的确定应经过评估。接触职业危害因素的员工,上岗前、在岗期间、离岗时应按职业健康检查要求进行体检,检查率应达到100%。企业应要求服务机构及时对检查结果进行分析、评估和总结,从而输出各种统计分析报告,并进行书面反馈,将检查结果如实告知员工并对检查结果进行存档。

职业健康应以促进并维持各行业职工的生理、心理及社交处在最好状态为目的;防止职工的健康受工作环境影响;保护职工不受健康危害因素伤害;将职工安排在适合他们的生理和心理的工作环境中。[①] 当发生急性职业病危害事故时,对遭受或可能遭受急性职业病危害的员工和应急救援人员,应及时组织应急健康检查。依据检查结果和现场劳动卫生学调查,确定危害因素,为急救和治疗提供依据,控制职业病危害的继续蔓延和发展。应急健康检查应在事故发生后立即开始。

对确诊为职业病的患者,应按《职业病诊断与鉴定管理办法》(中华人民

① 王忠东,康勇. 给石油工人的健康安全枕边书[M]. 青岛:青岛出版社,2013:104.

共和国国家卫生健康委员会令第6号)的规定进行管理。对疑似职业病,应及时给予进一步健康检查,明确诊断。在诊断或医学观察期间,不得解除或终止与其订立的劳动合同。在诊断或医学观察期间发生的费用,由企业承担。

(三)劳动保护

企业应在可能发生职业危害的场所设置符合标准规范要求的安全设施,如职业病防护设施和应急救援设施等劳动保护设施。存在职业危害因素的作业场所、作业岗位、设备、材料(产品)包装、储存场所等应按规定设置警示标识,警示标识应醒目、易于阅读和理解。应优化劳动组织,提高工作效率,减少加班加点,员工的工作时间应符合国家有关要求。不得安排女工从事特别繁重或有害妇女生理机能的工作;不得安排孕期、哺乳期(婴儿一周岁以内)女工从事对本人和胎儿、婴儿有危害的作业;不得安排生育期女工从事有可能引起不孕症或妇女生殖机能障碍的有毒作业。确需安排员工在职业性有害因素超标环境中作业的,应采取有效防护措施,并对防护措施进行评估,合格后方可作业。

(四)职业卫生档案的管理

油品销售企业应分别建立职业卫生档案,职业卫生档案应内容齐全、合法合规、数据准确可溯源。职业卫生档案内容包括:所属库站职业健康体检机构资质证明、单位概况、职业健康检查情况、职业健康检查异常结果处理情况、职业病记录、职业卫生防护设施投入情况、职业卫生隐患治理情况、职业卫生教育培训计划等内容。

库站职业卫生档案内容包括:职业健康体检机构资质证明、职业健康体检综合报告、个人体检报告复印件或电子扫描件、职业健康体检报告领取记录、劳动保护用品发放记录、职业健康教育培训档案、单位概况、平面布置图、工艺流程图、职业病危害因素检测点分布图、职业健康检查情况统计、职业病危害因素接触情况、职业病危害因素场所分布情况、职业健康检查异常结果处理情况、职业病记录、职业卫生防护设施投入情况、职业卫生隐患治理情况等内容。

（五）职业卫生教育

油品销售企业应开展多种形式的职业卫生教育活动，编制职业卫生教育培训教材。对各级管理人员的培训教育每年1次，对生产岗位作业人员的培训结合班组安全教育活动每季度1次，教育情况记入职业卫生教育培训档案。培训内容应包含：职业卫生法律、法规，相关技术标准与规范；本企业职业卫生规章制度；本企业职业病危害因素的识别、性质、分布，对人体健康的影响、预防知识及防护措施等；职业卫生防护设备、应急救援设施的操作和使用方法；职业卫生个体防护用品的使用方法、维护及注意事项；职业心理健康教育；应急救援预案、演练方法及自救互救技术；职业病危害案例分析等。

三、劳保用品的发放管理

企业应按照《个体防护装备选用规范》（GB/T 11651—2008）的标准，区分不同的工作环境、不同的工作内容、不同的工作区域，给员工发放对应的劳动保护用品，以减少或去除对员工产生的职业伤害。

《个体防护装备选用规范》（GB/T 11651—2008）按照工作环境中主要危险特征及工作条件特点将作业类别分为39种，油品销售企业直接和间接涉及的多达十几个类别。库站所需劳保用品主要有防静电工作服、防静电鞋、安全鞋、防寒服、雨衣、胶靴、劳动保护手套、安全帽、过滤式防毒面具、耳塞（耳罩）、空气呼吸器、耐油手套、防寒手套、劳动护肤剂等。企业应对劳动保护用品的采购、验收、保管、发放、使用、维护、保养、更新及报废等实施全过程管理。

第四节　环境保护管理

HSE管理体系中的"E"代表着环境，其涵盖着与环境相关的全部内容。保护环境是国家的一项基本国策。近年来，国家越来越重视环境保护工作，党中央、国务院制定并颁布了相关方针政策，取得了突破性成效。尤其在

2020 年 9 月的联合国大会上，中国提出 2030 年之前实现碳达峰，2060 年之前实现碳中和的目标。① 油品销售企业在环境保护国策的要求下，在国家大的生态文明的影响下，应发挥积极作用，为国家全面实现环境保护总体目标砥砺前行。

一、建立环境保护责任制

习近平总书记多次强调指出，“绿水青山就是金山银山”②“冰天雪地也是金山银山”③的理念，“加快制度创新，强化制度执行”④。习近平总书记做出的这一系列重要指示，表明了坚持生态文明建设，走生态优先、绿色发展之路的决心和意志。

党的十九届四中全会审议通过的《中共中央关于坚持和完善中国特色社会主义制度、推进国家治理体系和治理能力现代化若干重大问题的决定》将“坚持和完善生态文明制度体系，促进人与自然和谐共生”单列一章，提出了“严明生态环境保护责任制度”的重点任务。生态环境保护责任制度贯穿源头预防、过程控制、损害赔偿、责任追究的生态文明建设全过程，是生态文明制度体系中的一项基础性制度，是贯彻落实习近平生态文明思想的具体实践和制度保障。油品销售企业作为能源供应商更应加快步伐，走在生态文明的前列。

二、注重细节，开展日常环保管理

环境保护工作国家已倡导多年，但各行业、各企业之间在管理能力和水

---

① 杨依军，伍岳，曹嘉玥．世界变局中的中国担当——习近平主席在第七十五届联合国大会一般性辩论上的重要讲话系列解读之一［EB/OL］.（2020－09－23）［2021－09－30］．http://www.xinhuanet.com/politics/2020－09/23/c_1126532614.htm.

② 唐孝辉．习近平：绿水青山就是金山银山［EB/OL］.（2015－11－10）［2021－09－30］．http://theory.people.com.cn/n1/2017/0608/c40531－29327210.html.

③ 王珊．习近平：冰天雪地也是金山银山［EB/OL］.（2016－07－11）［2021－09－30］．http://theory.people.com.cn/gb/n1/2017/0608/c40531－29327519.html.

④ 赵超，董峻．习近平：坚决打好污染防治攻坚战 推动生态文明建设迈上新台阶［EB/OL］.（2018－05－19）［2021－09－30］．http://www.xinhuanet.com/politics/leaders/2018－05/19/c_1122857595.htm.

平上仍存在一定差距。大部分油品销售企业已经从最开始的不知如何管理,发展到现在清楚地知晓如何管理,正在向高质量创新管理的阶段迈进。当下工作重点还是要开展好日常环保管理,为高质量创新管理奠定基础。

(一)从空间注重细节管理

环境指与中心事物有关的周围客观事物的总和。对于石油库和加油(气)站整体来说,自然环境受内外部影响。可以将库站划分为若干区域,然后针对每一个区域开展环境风险辨识。这个辨识要分内部和外部两方面因素,然后以区域为单位进行环境危害的评估和控制,在现场进行公示并进行动态管理。内部因素当中,尤其针对存在泄露风险的区域,要按区域划分建立密封点泄露台账,开展日常管理。外部因素当中,要重点考虑周边是否存在危害人员身心健康的环境因素。同时,还要按照站内环境影响评价和竣工环境保护验收意见执行。油气危废存储区域,要按照定人、定责的原则进行管理。

(二)从作业流程中注意细节管理

油品销售企业针对库站的各项作业,均有较为成熟的流程,新增或是改进的作业流程也都能及时得到落实。除了按照区域划分外,还可以按照每项作业流程进行风险辨识,从生产、运行、销售等各个环节,逐项流程地进行分析,然后开展评估和控制。诸如收发环节造成无谓的跑冒滴漏、卸油作业中损坏水银温度计、清罐作业中产生的含油污水等。这个模式下既包含设备类的硬件分析,又包含人员操作过程中的软件分析,其针对性更强,更容易融合到日常作业管理当中。

(三)从员工教育培训入手,强化环保管理

油品销售企业的健康有序发展,离不开一支技术过硬、素质高的人员队伍。专业的事交给专业的人来做。具备条件的企业要考虑环保工程师的从业比例,建立一套完善的培养机制。不断学习、借鉴典型案例和同行业的环保事件,有利于强化员工的思想认识,举一反三,可操性更强。也可争取兼职进入环保部门的专家组,在为企业和环保部门做好工作的同时,积极参与

突发事件的应急处理，将理论结合实际，应用到具体实践中去。

（四）从环保技术升级应用入手，提高环保管理水平

时代在不断发展，技术也在翻天覆地革新。除了按照大环境的要求进行技术升级之外，同样要重视员工在日常管理环节中的小技术改造、小发明和小创造，这些小举措既是队伍专业化不断推进的成果，又是促成技术升级应用的重要动力。有能力的油品销售企业也可自行开展研发工作，并尝试对新设备、新技术的应用，还可与环保科技企业共同开展研发和实践工作。

三、创建环保型绿色企业

创建环保型绿色企业是以习近平新时代中国特色社会主义思想为指导，牢固树立社会主义生态文明观，认真落实打好“污染防治攻坚战”和打赢“蓝天、碧水、净土”三大保卫战的战略部署①。

（一）环保型绿色企业创建的基本任务

油品销售企业要以提供清洁能源和优质绿色产品为己任，不断优化产业结构和发展布局，促进能源资源节约和循环利用，强化源头减排、过程管控和末端治理，持续提升清洁生产水平，建设“清洁、高效、低碳、循环”的绿色企业，打造绿色竞争优势，促进企业高质量发展。成品油企业目前正处在转型升级和发展阶段，全面落实绿色企业行动计划，高标准推进绿色企业创建，不断提升公司绿色发展能力，从而促进企业走上可持续发展的道路。

（二）创建环保型绿色企业的主要内容

环保型绿色企业创建是一项长期工作，需要在企业的长期战略上进行规划。按照企业的战略要求，要成立组织或依托现有组织，制定方案，做好分工，明确职责，建立保障机制，定期总结，持续推进。油品销售企业要建立

---

① 中华人民共和国中央人民政府. 中共中央国务院关于深入打好污染防治攻坚战的意见[R/OL].（2021-11-07）[2022-01-10]. http://www.gov.cn/zhengce/2021-11/07/content_5649656.htm.

能源管理体系和环境管理体系，打造全员参与的管理模式。依照油品销售企业自身特征来看，可从绿色发展、绿色能源、绿色生产、绿色服务、绿色科技、绿色文化等方面开展创建工作。

1. 绿色发展

可从企业的计划、建设项目依法合规性和设备及工艺淘汰更新几个方面来开展。

企业要在各类规划中体现清洁、高效、低碳等绿色发展理念，明确近、远期目标。在年度工作计划中提出目标、任务，并明确相关措施。

建设项目依法合规性方面，企业要与国家和地方产业布局、产业结构调整相符，严格按照“三同时”开展项目的建设。建设项目的环保手续必须要齐备，杜绝未批先建、未验先投。有能力开展自主验收的企业，应注重执行程序的合规性。油品销售企业要开展生态红线区域内生产设施专项排查工作，形成详细清单。对于生态红线区域内的设施管理，要严格按照政府的相关要求执行。

按照国家、行业和地方的要求逐步淘汰落后的工艺和设备，油品销售企业要制订落后的工艺和设备改造计划，推动落后工艺和设备淘汰更新。

2. 绿色能源

油品销售企业要针对现有能源做好品质把控，规划好清洁能源的推广。目前应做好油品和天然气质量的检验，油品质量和检测方法须符合国家标准和行业要求。

清洁能源方面，应加快氢、电、风、光伏等的推广和利用。

3. 绿色生产

企业要制定污染防治设施管理规定，其中要包含日常巡检、检维修以及绿色施工等内容。落实污染源排放口许可制度，许可应包含排污证、环评影响评价及批复文件等。在污染源排放口处应设置政府认可的排放口环境保护图形标志牌，设置位置、高度、内容、形式、辅助标志等应当合乎规范。现场应安装自动监测设施，定期开展校验、维护。

企业管理制度中应包含加油站污水排放管理的具体要求，且有效执行。库站排水系统达到设计与施工规范的要求，各类库站、管线施工等生活污水全部直接排入市政管网或经污水处理设施达标排放。库站要按要求安装各级油气回收系统，开展 VOC 治理，严格按照相关要求开展固体废物管理，开展常规的土壤和地下水、噪声的监测工作。

建立环境风险识别清单，编制环境风险评估报告，开展应急资源调查，按要求编制综合预案、专项预案、现场处置方案，并及时修订、备案。

4. 绿色服务

建立绿色采购管理制度，对各级供应商进行资格审查，优先选择在政府绿色采购清单中、无环保违规的绿色供应商。加油（气）站应全面推行多种支付方式、电子发票等便捷服务，大力推广自助加油、自助发卡、扫码购物等快捷功能。

5. 绿色科技

注重绿色科技的研发和应用，制定绿色科技激励机制，对绿色科技研发进行相应奖励。在实际应用方面，无论是自有知识产权的绿色技术，还是其他来源的绿色技术，都要积极推广和应用。

6. 绿色文化

企业应制定绿色文化建设方案，方案中要体现绿色发展、绿色生产、绿色办公、绿色生活等理念，实现经济、社会、环境统一协调发展，并有明确的措施等。制订年度工作计划，明确任务、时间节点、责任人等，并按计划执行。在节能宣传周、世界环境日和全国低碳日等开展宣传活动，强化绿色环保意识，营造良好氛围。

推广绿色办公模式，机关办公区、站库环境要做到整洁，生产现场、生活区域、办公区域垃圾要进行分类收集。开展卫生间综合整治活动，做到布局合理，标识醒目美观，环境整洁，空气清新。推进节水、节电、无纸化办公，办公场所使用节能产品（节能灯、节水龙头等），粘贴绿色环保提示标签，办公用纸重复使用，少用或不用纸杯，防止“长流水”和滴漏现象，空调要合理控制温度，电脑不用时及时切断电源，多用自然光等。

（三）做好宣传和推广工作

通过多种形式将绿色企业的理念传递到每一名职工的思想中，切实激发全员参与绿色企业建设的积极性、主动性。鼓励和引导员工从身边的小事做起。还可采用宣传画、板报、横幅、公众号等形式进行绿色主题宣传，在企业内外开展开放日活动，组织员工、邀请公众参观质检室、油库、加油(气)站，了解油(气)质量、环保设施情况，主动接受社会的监督。

第二章　成品油业务管理

油品销售企业的业务管理范畴主要包含采、销、存、运等环节，这些是保障企业正常运营的基本环节。每个环节需按照一定的流程具体开展，以满足日常工作的需要。供应链管理模式中，油品销售企业应以满足客户的需求为主要目的，并在满足客户需求的过程中获取利润，每个供应链的目标都是实现供应链盈余最大化。

第一节　流程管理

我们可以将流程理解为工作流转的过程，是由多个部门、多个岗位、多位员工相互配合协作来完成的。也可以将流程理解为由输入转化为输出的一种相互关联和作用的活动。流程可分为业务流程和管理流程，业务流程是企业创造价值活动的组合，管理流程是为实现管理目标，为生产和经营提供辅助支撑的活动。流程管理不单是管理流程，更是以流程为中心的企业管理方法。油品销售企业的运营离不开流程管理，有效的流程管理可以使企业高效运营。

一、流程管理的原则、研究范围和要素

（一）流程管理的原则

任何一种流程，目的都是高效流转，这遵循着流程管理的基本原则。流程管理的原则是要回归流程管理的本质，从根本上实现流程的作用。换句话说，流程管理的原则是对流程管理的本质及其内在规律的一些基本看法，

是应用于各类流程的基本原则。

(二)流程管理的研究范围

流程管理最为基本的研究范围是流程的生命周期管理,也就是如何管理流程,如何让流程持续有效。管理的过程应包括流程的设计、审批、发布、实施、控制和评价,这是个动态的周而复始的过程。但在实际工作中,只管理流程是不行的,因为流程涉及企业中诸多的管理范畴,例如组织、岗位、绩效、风险等,这些都与流程管理密切相关。流程管理是通过流程的流转,最终去实现有效运营。利用流程进行企业管理,能够让企业中各范畴有机结合,从而发挥更大效能。

(三)流程管理的要素

流程的输入资源、流程中的若干活动、活动的相互作用、输出结果、顾客、最终流程创造的价值,我们称其为"流程的六要素"。① 其中顾客和最终流程创造的价值是关键要素。流程服务的顾客是谁,流程给顾客创造了哪些价值,这是核心问题。但我们又不能完全简单地以实现顾客价值为核心,单纯以顾客价值为出发点,这显然不合理。持续有效运转和实现顾客价值存在着一定的矛盾,既然是管理,那就不能缺少控制这个环节。作为油品销售企业,我们只有在保证自身风险可控的情况下,才能持续地、更好地为顾客创造价值。

二、油品销售企业流程的分级、分类

油品销售企业,尤其运营时间较长、经营规模较大的企业,在流程管理方面表现出的矛盾更为突出。近年来,随着国家的总体发展越来越好,各行各业运营和管理的能力逐步提升,油品销售企业也得到了长足的进步和发展。但企业多年以来没有统一的流程体系,日常运用的流程基本都零散分布于各项规章制度、操作指南和其他管理体系之中,这样的不足在于统一认

① 王玉荣,葛新红.流程管理[M].5版.北京:北京大学出版社,2016:5.

识的程度参差不齐、精细化程度不够高等。这些制约着企业管理能力的进一步提升,影响工作效率,甚至威胁到企业的生存和发展,所以我们要充分认识到流程管理的重要性。

(一)流程的分级

流程分级目的在于将流程从高阶的层面细分到可以具体操作、可以管控的层面,搭建一个从战略到执行的流程分级实现的路径。实现流程体系的分层管理,更为有效地明确不同层级管理者的职责。

对于流程,可将其分为四个级别,具体如下:

(1)一级流程,即价值链图的构成部分,属于高阶流程,称为“域”。

(2)二级流程,即在每个域内以域过程为核心,属于中阶流程。

(3)三级流程,即对域过程进行细分,以业务活动为核心,属于低阶流程,也称为具体流程。

(4)四级流程,即子流程,是对流程中某个活动的开展,对活动的流转过程进行详细描述。

经过逐层级切分细化之后,相对较为抽象的一级流程就被细分成可以由岗位操作的活动,这样一级流程就实现了真正落地,具备了可操性。

(二)流程的分类

要依据不同的业务情况将同一个流程进行差异化设计,分成不同的流转线路。与不同业务特点相匹配,能提高流程运行的效果;根据不同业务类别匹配不同的流程,能提高资源的利用率。

1. 按照业务模式进行分类

可分为成品油流程、天然气流程、非油品流程、汽车服务流程等。

2. 按照流程内外进行分类

可分为内部审计流程、财务资产流程、规划计划流程、建设过程流程、技术发展流程、产品销售流程等。

3. 按照风险等级进行分类

可分为 HSE 流程、合同与纠纷流程、投资管理流程、信息工作流程等。

4. 按照重要程度进行分类

可分为重要流程、一般流程等。

5. 按照客户类别进行分类

可分为批发流程、直分销流程、零售流程等。

三、油品销售企业流程的优化

流程优化是一项通过不断发展、完善、优化业务流程，从而保持企业竞争优势的策略。在流程的设计和实施过程中，要对流程进行不断改进，以期取得最佳效果。对现有工作流程的梳理、完善和改进的过程，即称为流程的优化。流程优化不仅仅指做正确的事，还包括如何正确地做这些事。优化掉流程中的无效部分，并通过优化，将单个流程效率的提高转化为企业总体流程效率的提高。

（一）优化掉流程中的无效部分，提高流程效率

我们需要分析流程当中哪些是必要的，哪些可以被去除优化掉，减少流程中的无效部分，优化掉非增值的内容。我们可以按照清除、简化、整合和自动化的原则来实现优化流程的效果。清除指清除掉现有流程中非增值的活动内容；简化指清除的环节结束之后，对剩余的活动内容继续简化；整合指对分解的流程进行有效整合，从而使流程更加顺畅，效率更高；自动化指流程的自动化，但它不是简单的信息化过程，而是要在清除、简化和整合（包含这三个环节的推进也通过自动化来实现）的基础上，实现应用自动化。

（二）从单个流程效率的提高到企业总体流程效率的提高

企业运作是一个整体系统，它最终目的是使企业总体流程效率提高，实现流程之间的运作协同。企业的高层管理者往往希望能用一个既清晰又直观的企业运营图，看到各条业务线都能有计划地运作，整体协同配合。我们要对流程的运作时间进行协调，对流程所需要的资源进行整合，保证所有人按照统一的时间有序运作，形成稳定的节奏，实现多组织、多流程的运作协同，从而提高企业总体流程的效率。

四、油品销售企业流程的评估和改进

流程的评估和改进绝不是一次完成之后就结束的工作，随着时代的变革、社会的进步、企业运营范围的变化，流程都需要适时进行评估和改进，以便始终具备有效性和高效性。

（一）建立企业流程管理的长效机制

企业流程管理只有起点没有终点，油品销售企业亦是如此。流程要不断地改进和持续优化，加强流程管理力度，没有长效机制的保障，目标是无法实现的。

1. 明确流程管理的组织和职责

（1）企业高层领导负责流程管理的战略和方向，对流程管理中的重大事项进行决策。

（2）流程管理部门（流程管理岗）负责流程体系规划和计划的制订，负责组织推行流程制度建设等。

2. 建立流程管理的流程和制度

主要应包括流程文件的编制和发布、流程审计和监控等。

3. 运用流程管理的方法和手段

主要应包括流程的测评和监控的方法、审计的方法等。

（二）开展流程审计工作

按照年度流程审计计划，着重对主要业务范畴和问题频发的流程进行审计。

五、努力做到流程与业务之间的紧密结合

流程作为业务运作的载体，如果部门之间认识不统一、描述不统一、协同作业时出现权限交叉和职责盲区，就会出现流程和业务运作脱节的问题。为了使流程和业务紧密结合，我们决不能闭门造车，要到业务运作的现场

去,一步一步、一个细节一个细节地去描述流程。还要从整体角度来认识和设定具体流程。做好流程管理是保证工作效率提高的关键,企业管理者只有将流程中的各个节点把握好,不脱离业务本身,才可以迅速提高员工的工作效率。

第二节　油品销售企业采购管理

采购是油品销售企业的重要经济活动之一,企业经营活动所需物资、商品或是服务,都需要通过采购来获得。采购是企业基本利润的源泉,采购是购买商品或服务的业务流程,企业管理者应考虑采取何种类型供应源来完成,是效率性的还是响应性的,或是其他类型,之后再做出相应决策。

一、成品油的采购原则

在采购所需物资、商品或是服务时,其目标是满足企业开展经营活动的需求,这种需求是具备一定时效性的。这就决定了在采购的过程中,油品销售企业要在恰当的时间,从适当的供应商处,以适当的质量和价格,采购适当数量的油品,同时要关注送货地点和服务等问题。恰当的时间是影响库存成本、市场销售份额的重要因素;适当的供应商是采供双方共赢的保障;适当的质量和价格是保障采供双方可持续合作发展的核心内容;适当的数量多少决定了价格、资金周转率、仓储成本等的高低。

二、成品油的采购管理

2009 年 3 月出台的成品油定价机制实现了与国际油价有条件的联动,将原有的成品油零售基准价格允许浮动的机制,变为最高零售价格的机制,开始逐步与国际油价接轨。2016 年 1 月,国家发改委进一步完善成品油价格机制,设置成品油价格调控上下限。规定上限为每桶 130 美元,下限为每桶 40 美元。[《国家发展改革委关于进一步完善成品油价格形成机制有关问题的通知》(发改价格〔2016〕64 号)]成品油的采购不单要遵循采购管理的基本原则,更应结合行业特点去开展。

(一)应建立高效的采购管理组织

组织是管理的基本组成部分,采购管理工作应由专业的、合适的管理人员负责具体开展。设立采购管理组织,应本着与企业性质、规模相适应,与企业总体目标、方针和策略相适应,与企业管理水平相适应的原则。

油品销售企业的采购管理部门一般是由业务管理部门或是经营管理部门来管理,其应肩负内外两种职能。对外要选择、维护和管理供应商,确保采购的价格和质量;对内要控制和管理采购流程的正常实施,保证采购满足企业的运作需要。采购部门一般可设置部门负责人、采购预算管理人员、采购信息管理人员、供应商管理人员、采购合同管理人员、采购验收管理人员等。

(二)成品油采购管理的基本内容和相关流程

成品油采购应以企业的经营需要去开展,并按照具体的执行标准去落实。采购管理不但面向企业的采购人员,还面向企业内其他负责协调配合的人员。

1. 成品油的需求分析

油品销售企业应按照自身开展批发、零售的业务情况进行分析,根据客户不同时间、不同地点等的不同需求,开展采购,分析何时采购、采购多少等问题,从而科学制订采购计划。

2. 成品油市场情况分析

成品油市场是全球化的,其受资源本身、经济环境、政治环境等因素的影响较大,因此进行科学透彻的市场情况分析就已经成为必需环节。市场情况分析应包括油品资源分布情况、供应商情况、品号质量情况、价格情况、物流运输情况等,预判油品的采购时点。国际油价直接对国内成品油的价格产生影响。炼油厂的产能、库存大小、政府的经济策略变化都影响着成品油市场。

3. 制订采购计划

在了解自身采购需求、科学客观地分析市场后,企业要根据需求和供应商情况，制订与之配套的采购计划。计划中应包含选择供应商、明确订货时间、确定油品品号、制定物流运输细则、确定交易方式和时间进度等。

4. 成品油采购计划的实施

采购计划为企业提供了执行路线，明确了工作的内容，具体情况可参照下列过程实施。

（1）选择供应商

企业应选择综合评价高的供应商进行合作，因为这不仅保障油品销售企业日常的油品供应，而且还能成为企业良好的战略合作伙伴，是维持竞争优势的重要因素。

（2）开展采购谈判和沟通

采购谈判是采购管理中非常重要的环节，需要油品销售企业与供应商之间进行反复沟通，谋求一致的合作意向，从而建立双方都满意的购销关系。在采购谈判和沟通中应针对油品的品类、质量和技术标准、采购数量、采购价格、售后服务、交货日期、物流运输、付款情况、到货地点等进行有效约定，达成初步共识。在采购价格方面，油品销售企业往往可以采用询价、比价和议价相结合的方式沟通。

（3）签订油品采购合同

在采购谈判和沟通达成共识后，按照《中华人民共和国民法典》（2020年5月28日第十三届全国人民代表大会第三次会议通过）的相关规定，企业与供应商应签订采购合同，这是双方经过协商一致而签订的“供需关系”的法律性文件，双方都应遵守和履行。一个完整有效的合同应包含合同的核心内容，即风险责任的划分和赔偿责任。合同在正式签订前应进行严格的评审，这可以由企业内部的法务部门负责，也可以通过聘请或委托外部法务人员来完成。通过评审可以有效降低法律风险，保障各自的合法权益。

（4）油品采购订单管理

采购订单管理是签订合同之后，以采购单为起点对各个流程和环节进行跟踪管理的过程。其中涉及确认订单、发货、到货、入库等环节。

（5）油品采购财务管理

发票管理是采购财务管理的重要内容。采购的油品价格暂估，直运采购业务、受托代销业务的实施等均在此进行处理。

5. 采购监控

为了确保采购目标顺利完成,应开展采购监管和控制工作,其中包括采购人员的监控、采购事务活动的监控和采购资金的监控。

(1)采购人员的监控

采购人员是油品采购的具体执行人,要按照行为规范对其进行监控。采购人员应具备较高的职业素质和专业技能,忠于企业,具备高度的归属感,不贪图私利,有敬业精神,热爱企业。对油品的特性、企业的供需情况、运输保管、采购渠道、市场交易规则等有深入了解。

(2)采购事务活动的监控

采购事务活动的监控应贯穿于整个采购过程,其中包括采购计划的制订、谈判的内容、采购文件的审批和存档、采购合同的审批和签订、供应商的评审考核等。

(3)采购资金的监控

采购资金的监控应执行采购预算制度,采购人员必须按照预算使用采购资金。采购预算为采购资金的控制提供了明确的标准。采购资金的使用要制定严格的审批制度,对采购资金的申请、领取和使用,要规定具体的权限范围。

6. 采购的评估和分析

采购评估是从质量和数量两方面来评估采购部门和采购工作人员达到既定目标的程度。采购评估内容应包括采购方案的设计、采购方式的确定、标准化的执行程度等。采购评价与分析是在单次采购完成后,对本次采购进行评估。月末、季末、年末对不同时期内的采购活动进行总结评估,主要目的是评估采购的效果、总结经验教训、找出问题、提出改进措施等。

三、供应商的管理

供应商的管理应从调查、选择、考核几个方面进行,以建立一个稳定、可靠、具备优势的供应商群体。

（一）供应商调查

供应商调查可从初步调查和深入调查两个层面开展，先初步了解供应商的基本情况和业务情况，再有针对性地开展深入调查。初步调查可通过网络及各类媒体、同行业市场调查、协会产业公报等渠道实现。深入调查要注重产能、技术和管理的水平、价格水平、社会责任等方面。

（二）供应商选择

建立供应商准入制度，设定衡量指标，由评估小组经过书面调查和实地考察之后，确定供应商提供的油品是否能够满足企业需求。评选通过的供应商即可入围，未通过的作为候补供应商。要做好跟踪评估，定期从交货情况、质量、服务等方面进行评估，以便进行筛查。

（三）供应商考核

考核是对入围的油品供应商实际工作开展情况进行考核，了解油品供应商的日常表现，促进供应商的改进，提供评价依据。供应商考核是油品销售企业效能管理的延伸，是发挥创效作用的重要因素。应从油品符合要求、遵守合同情况、职业道德、售后服务、管理能力、风险控制能力等方面进行具体考核。

选择合适的考核周期，可以考虑以季度和年度作为周期。建立油品考核指标体系，可从供应商考核的质量指标、供应指标、经济指标和技术服务与配合指标开展。可将供应商分为不合格、合格、优选和杰出四类，进行区分和动态管理。

四、供应链的采购决策和管理

供应链管理模式中，现今的采购概念与传统概念有着巨大的差异。在供应链当中，企业既是需求者，又是供应者，都是通过满足终端客户的需求获取利润。

(一)供应链采购的意义

供应链管理模式中,采购可使供应方和采购方达到双赢。采购方可以获得稳定且具有竞争力的价格,从而降低库存水平,实现更快的产品反应速度;供应方在拥有稳定的需求市场的同时,可以提高运作质量,降低生产成本,获得比传统采购模式更高的利润。

(二)供应链采购的特点

供应链管理模式中,采购的驱动力、管理对象和采供双方的关系表现在以下几点。

1. 订单驱动采购行为

供应链管理模式中,采购是以订单驱动方式进行的。用户需求订单驱动生产订单,生产订单驱动采购订单,采购订单再驱动供应商。这种订单驱动模式,使供应链系统可以准时响应用户的需求,从而降低库存成本,提高物流速度和库存周转率。

2. 外部资源管理

供应链管理模式中,采购把组织的生产能力扩展到外部资源供应商,通过与供应商建立一种新的供需合作模式,把对采购的事后控制转变为事中控制,实现了管理的延伸,是企业内部采购管理向外部资源管理的一种职能转变。

3. 战略合作伙伴关系的建立

供应链管理模式中,战略合作伙伴关系的采购方式解决了传统模式下的诸多问题。通过双方的战略合作伙伴关系,供应方与采购方可以共享需求和库存数据,可以降低风险、规避问题,可以精简采购流程,降低企业采购成本。

(三)供应链采购和传统采购的比较

供应链采购是指供应链内部企业之间的采购。[①] 供应链管理模式中的采购管理是以采购的过程为管理对象,通过对过程中的物流、信息流和资金流的统一控制,以达到采购总成本和总效率的最优匹配。供应链采购和传统采购相比较,物资供需关系和采购的基本概念没有改变,但采购的观念和采购的操作却发生了巨大变化。

第三节　油品销售企业成品油销售管理

完善的直分销业务管理流程和体系,可有效规范油品销售企业直分销业务经营工作和业务流程,有效提升直分销业务经营规范化水平,强化市场竞争能力。

一、直分销基本内容

(一)直销

不通过加油站,直接对社会单位、社会团体、居民以及其他非经营性单位开展的销售。

(二)分销

指对油品批发、零售贸易商的销售,即对石油集团、股份公司所属销售企业的销售和对社会经营单位的销售。

(三)直分销的业务管理部门归属

油品销售企业可根据自身实际情况,明确直分销业务工作主管部门,确定直分销工作的主管领导和直分销各项工作负责人员岗位及职责。

① 李喜梅. 供应链管理[M]. 西安:西安交通大学出版社,2016:86.

二、直分销业务具体流程

（一）成品油价格管理

企业应成立定价小组，并由定价小组根据国际油价、市场需求、资源情况、库存周转等综合情况，及时制定当期直分销价格，明确浮动权限和最低销售价格。在权限内价格的调整可由企业直分销主管部门提出申请，报分管领导审批后通知各客户经理。对于超出价格浮动范围的情况，按设定的权限分级提报和审批。业务管理部门应建立价格调整台账，对销售价格进行跟踪。同时，业务管理部门还应每日监控直销、分销的销售价格和销售量的变化情况，发现异常情况，及时预警。建立每日定点的价格信息收集及反馈机制，落实专人负责销售价格的日常管理、审批及信息收集工作。

（二）合同管理

企业可按照销售额、单笔销售数量或是付款形式等，确定签订何种销售合同。对于多笔销售的直分销业务，应签订框架合同，并根据实际业务签订单笔订单。合同应采用统一版本，合同价格不能超出定价小组给出的价格。

（三）结算管理

1. 现款销售

对自提的客户，先付款后开具发票和提货凭证，凭提货凭证提货。对送货上门的客户，先付款或货送达目的地卸货前付款。对现金销售且须开具增值税发票的单位客户，应有合同约定或现金证明，同时留存经办人身份证明复印件。

2. 信用销售

对经审批授予一定信用额度的终端客户，可在授信额度限额内由客户经理填写信用销售开票凭证，并经直分销主管部门确认后，客户方可先提货后结算。

3. **货款的回笼**

销售货款应由客户直接交至企业营业室,原则上客户经理不得以任何形式直接收取客户的货款。对于小额配送业务(货到付款),可经业务部门、财务部门审批后,由客户经理代为收取货款,且客户经理收取的货款原则上必须当日内交财务委派的收款员,不得自行隔夜保管。对于银行承兑汇票的接收,必须经企业直分销主管部门和财务部门审核确认,才可按照相关规定办理手续。直分销主管部门要积极配合财务部门做好资金监管工作,在满足业务经营需要的同时防范资金风险。

(四)开票管理

1. **销售发票**

销售发票的抬头必须与结算票据抬头保持一致,销售发票必须有开票人员和复核人员的签章,严格控制开具红字发票,确因特殊需要进行发票冲销的,要严格按照相关制度和审批流程执行。

2. **提货凭证**

提货凭证包括纸质提货单和电子提油卡。提货凭证的抬头应与销售订单、销售发票保持一致,原则上提货凭证由客户自行领取和保管。

(五)配送管理

1. **油品配送**

油品配送业务可由客户经理填写运输申请单报运输部门,由调度人员根据调运单确定送货计划,并通知客户经理和驾驶人员。交货后将客户签字的送货单交至直分销主管部门。客户经理每季度征询客户意见,由客户填写用户意见卡交至直分销主管部门。

直分销主管部门、客户经理要全程跟踪配送运输的运达情况。对提货期或客户要求送达时间内尚未运送油品的,就其配送单据查明原因,并督促运输单位落实。

2. **数质量纠纷处理**

在终端配送销售过程中,客户经理要做好油品的交接工作,尽可能地为客户提供装卸便利。油品销售企业应制定数质量纠纷应急预案,产生数质量纠纷,客户经理要与客户仔细分析原因,同时启动应急预案,不能因数质量问题而影响客户满意度。

三、直分销业务管理

(一)客户管理

1. 客户档案管理

建立健全本企业区域市场内所有客户的客户档案,包括现有客户和潜在客户,填制直分销客户档案。客户档案汇总资料应由直分销主管部门指定专人集中管理。每个客户经理要对自己分管的客户建立客户档案,客户档案包括现有客户和自己所分管区域内的潜在客户,按照企业统一要求填写。客户档案每季度更新一次,对新增加的客户或客户资料有变化的客户补充并登记客户档案。

2. 客户分类管理

对本辖区内客户资源要按照其销售规模、行业地位、地理位置、合作时间长短、信用状况、忠诚度等情况进行分级评定,可统一划分为黄金客户、优质客户和一般客户。黄金客户可由企业直分销部门统一管理,销量较大的重点客户可由负责直分销部门负责人直接进行维护。针对不同等级的客户制定不同的营销政策,如:在资源和市场相对平稳时,对黄金客户在价格、资源供给、售后服务上给予更大的优惠和便利;在资源紧张时,按照客户等级,对黄金客户优先安排资源,优先提货,对优质客户按一定比例供应资源,对一般客户限制供应。

针对不同的客户提供的服务保障有所区分,如,在开票、提油、送货等方面,对黄金客户可以提供一系列的个性化服务等。

3. 客户跟踪管理

负责直分销部门应开通客户回访电话,并派专人通过电话等方式对客户进行回访,收集客户信息,了解客户经理服务情况。直分销部门负责人要定期对辖区内的黄金客户进行走访,加强与客户的沟通。客户经理要经常访问客户,及时掌握客户和市场的变化情况,填写走访日志,直分销部门负责人要定期抽查与核实客户经理的客户走访记录情况。对客户的回访主要包括现有客户及其相关联客户资料的更新和完善,业务需求的了解和记录,销售跟踪及配套服务,听取客户的建议、问题和反馈等。

直分销管理部门应建立每日晨会、每周例会和每月例会制度,及时了解区域市场形势及客户购油情况的变化。针对客户回访遇到的问题、建议及时总结,及时反馈。认真研究每个客户的购买变化,提出具体的解决意见。还可建立客户网络群,定期发送价格信息,建立价格共享机制。

4. 客户交接管理

因经营发展需要或其他原因需做调整时,客户经理交接双方必须积极主动办理客户资源交接。交接包括客户档案资料交接和客户现场交接,交接双方原则上需共同走访每一个客户,必要时直分销部门负责人要共同参与。

(二)经营分析

直分销主管部门要每周跟踪分析直分销业务的量、价,完成进度情况,主要客户购油进度,应收账款,已售未提情况等。如出现异常情况应详细分析原因,同时要了解和分析主要竞争对手的营销策略、进货渠道、销售对象和价格动态等,及时制定应对竞争的策略。

1. 建立定期(周、月)经营分析例会制度

撰写周分析报告、月分析报告,对当周(月)的经营情况进行分析评价,通报直分销经营情况、客户经理的经营业绩、客户的开发及维护情况。要对当月及累月直销量(分品种)完成情况与去年同期计划进行对比分析,要分行业、分销售对象对销售情况进行细化分析。要对客户的购买行为进行跟踪分析,并对客户购买行为的变化进行分析。总结分析经营中的得失并提出下一步工作思路、工作安排及相关建议。

2. 客户经理(周、月)分析

客户经理应对自己分管的客户每周、每月销售完成情况进行认真分析。

(三)客户经理队伍建设和管理

1. 客户经理聘用条件

油品销售企业要制定各单位聘用客户经理的条件,按需配备相应数量的客户经理。

2. 客户经理聘用方式

可由直分销部门和人力部门联合提出聘用建议,采取部门推荐、自荐、外聘等报名方式。客户经理一经正式聘用,要填写客户经理档案。

3. 分级管理和晋升机制

按照客户经理从事销售工作岗位时间的长短和业绩情况,再结合企业实际情况对客户经理做分级管理。直分销部门定期对客户经理进行考核,采取逐级晋升的方式。对不同级别的客户经理制定考核权数,采取逐级提高的方式。客户经理实行双向交流。可将高级的客户经理列为直分销部门后备管理人才储备。

4. 学习及培训

直分销部门应对客户经理做岗前培训,有计划地定期组织在岗培训。培训的方式可以多样化,要围绕营销技能和通用知识,同时结合企业的实际情况,深化和提高客户经理营销能力。定期组织学习交流,总结经验,从而促进客户经理队伍综合素质的提升。

(四)管理考核

为适应直分销业务经营管理发展的需要,加强直分销经营管理工作,企业应建立有效的薪酬激励机制,强化直分销业务队伍建设,充分调动营销人员的主观能动性。要以“联量、联价、联利、联应收账款、联服务、联费用、联基础工作”考核为基础,进一步完善考核体系。

四、成品油零售管理

成品油零售环节的业务管理,主要从市场营销管理方面进行介绍,在第三章加油(气)站运营管理的第五节中进行简要阐述,在此不再赘述。

第四节　油品销售企业成品油物流管理

物流顾名思义,就是物的流通,是为了满足客户的需要,以最低的成本,通过运输、保管、配送等方式,实现原材料、半成品、成品及相关信息由商品的产地到商品的消费地所进行的计划、实施和管理的全过程①。油品销售企业的一次物流与二次物流管理是企业高效、有序、可持续发展的重要管理内容,做好统筹优化管理,全面提升企业的经营质量。

一、物流的具体内容及分类

物流是社会生产生活当中物质层面的传导机制,由始至终构成了流通的物质内容。没有物流,社会物质产品的价值和使用价值就不能实现,社会再生产无法进行。物流由商品的运输、配送、仓储、包装、搬运装卸、流通加工,以及相关的物流信息等环节构成。

(一)物流的具体内容

物流活动的具体内容包括用户服务、需求预测、订单处理、配送、存货控制、运输、仓库管理、工厂和仓库的布局与选址、搬运装卸、采购、包装、情报信息等。②

(二)物流的分类

物流是社会经济中的重要组成部分,但其目标、范畴、范围等不尽相同,便形成了不同的物流种类。我们可以按照物流的性质、作用、范围等标准进行分类。

(1)按照物流的性质不同可分为宏观物流、微观物流。

(2)按照物流的作用不同可分为供应物流、销售物流、生产物流、回收物

---

① 窦坤芳.现代物流管理[M].北京:国防工业出版社,2011:2.

② 陈联刚.电子商务基础与实训[M].武汉:华中科技大学出版社,2017:142.

流等。

(3)按照物流空间范围的不同可分为区域物流、国内物流、国际物流等。

二、成品油一次物流

(一)一次物流的基本内容

成品油一次物流是指成品油从生产炼油企业到油库、终端客户的运输组织过程,在这个过程当中应包含资源配置情况、组织配送运输计划的制订和实施、承运商的选择、运输工具基本情况、最优配送路线的确定、配送时机的科学性、相关资源的合理调度等内容。

(二)一次物流配送运输

一次物流配送主要有公路、铁路、水路、管道四种运输方式。

1. 公路运输

成品油的公路运输是利用汽车油罐车在生产炼油企业,通过场站的地付发油装置装载成品油进行运输。公路运输是最为常见的中、短途运输方式,其最为显著的特点就是快速直达。它还具备投入少、灵活机动、对要求适应性强、技术改造升级容易等特点。其缺点主要在于受环境和自然条件影响较大、运输能力弱、单车装载量小、运行成本高、能耗高、效率低等。相比其他运输方式,公路运输的安全系数相对较低,发生事故的危险性和频率较高。在目前经济还欠发达的偏远地区,公路运输也可作为长途运输的方式。

2. 铁路运输

铁路运输是现代运输的重要组成部分,是陆路长途运输的主要方式。其特点是受环境和自然条件影响较小、运输能力强、单车装载量大、速度快、运行成本较低等。其缺点主要在于装卸环节多、损耗率高、受铁路运力的制约等。按照列车的组织安排,运输过程中列车需要进行编组、解体、中转改编等作业环节,占用时间,增加了货物的在途时间。通常情况下,自身具备铁路专用线的油品销售企业,利用铁路油罐车装载成品油进行运输是普遍采用的运输方式。

3. 水路运输

水路运输是利用船舶在江河湖海上开展的水路运输，广泛应用于大批量集装箱等货物的运输范畴。尤其在国际贸易中，绝大部分都是依靠海洋运输来完成。水路运输在油品运输中同样发挥着重要作用，尤其在沿海、沿江地区，水路运输的比例非常高。水路运输具有运量大、耗能低、续航力强等特点。其缺点主要在于运输速度慢、受自然气候影响大以及港口限制等。它是各类运输形式中成本和费用最为低廉的一种，被人们普遍采用。

4. 管道运输

可以说，管道运输是伴随着石油化工工业的发展而产生的。它作为长距离运输气体和液体物料的先进运输方式，具有运输量大、运输速度快、安全可靠、运行费用较低、可自动控制等特点，不需要公路和水路运输的中间环节，是有效降低运输成本的利器。其缺点主要在于投资大、回本周期长、只能定点运输等。

三、成品油二次物流

（一）二次物流的基本内容

成品油二次物流是指成品油从油库运输配送到加油站、外销客户的过程，涉及油品、油库、承运车辆和加油站（外销客户）四个方面。油品销售企业可以组建自己的物流车队，也可与第三方承运商进行合作。二次物流无论以哪种形式开展，都要明确主体责任、管理职责、HSE承诺等内容。物流主管部门应全面负责二次物流的管理工作，其中主要包括年度计划的制订、季度与月度计划的分解、物流成本测算及管理、配送车辆的日常调度、运距测算及配送路径的选择、库存情况控制、外销终端用户的需求调研等。

成品油二次物流普遍采用公路运输的方式开展，通过运距（以公里为单位表示，加油站的运距较为固定，外销客户需单独测算）测算和协议中吨油运输价格及运输数量（以吨为单位表示），可以得到二次物流的费用。

（二）二次物流配送运输

成品油二次物流配送模式主要为库站配送和外销客户配送。汽车油罐车每次进出油库或炼油企业均应进行相应检查，检查的内容主要包括车辆信息及资质、驾驶证、押运证、阻火器、轮胎、车载信息系统、静电端子、导静电橡胶拖地带、油箱和灭火器材。

1. 库站配送

油品通过汽车油罐车从油库运输到加油站。按照物流管理部门的统筹安排，承运车辆到达指定油库后，逐一进行装车。入库前，油库指派专人与承运人员一同进行安全检查，其中应包括车辆基本信息的核对、司机与押运员的相关证件检查、车辆外观及罐体情况检查等，并检查回程铅封（或电子铅封）情况。装油前，油库付油员与承运人员应严格核对提货单和提油卡、油罐车安全容积、车辆证件信息等。装车完毕后，油库付油员为承运车辆施打铅封（或电子铅封），打印出库单。油罐车上路之后，企业可通过卫星定位、电子铅封或车载视频监控等信息化系统随时了解车辆行驶情况，建立监控台账。物流管理部门应对行驶过程中的非正常停车、行驶路线异常等情况进行跟踪，并与承运方沟通具体的情况，分析原因并做好相应记录。油罐车到达加油站后，承运方和加油站工作人员应首先对到站时间与出库时预计到达的时间进行比对，若无出入可按照卸油操作流程开始作业。接卸完毕后，加油站工作人员在台账或是信息管理系统中登记本次卸油情况，其中应该包含品号、数量、损益、回程铅封等内容。最后，施打回程铅封，油罐车驶离加油站。

2. 外销客户配送

油品通过油罐车从油库、炼油企业的付发油台运输到外销客户处。业务管理部门和物流管理部门按照外销客户要求的时间、地点、品种等完成配送。承运方到指定地点提油，将油品配送到客户指定地点。

四、成品油物流的优化

(一)一次物流的优化方法

一次物流的优化,首先要做好企业资源的统筹安排,合理协调炼油企业按时按需发货,做好市场的供给;其次要选择最优的运输方式开展一次物流工作,优化运输通道,努力做到运距最合理,费用最低廉。

利用信息管理系统做好一次物流的基础工作,其中应包括企业基本情况、炼油企业情况、基础数据情况,并确保信息的准确性。注重供需关系的统筹,结合资源和需求情况,在满足供需双方需求的条件下,实现一次物流成本的最小化。打破行政区域的限制,做好区域上的大统筹优化。

(二)二次物流的优化方法

二次物流的优化,首先要从优化油库库存、降低库存成本入手,再通过运输调度的优化实现。提高运输资源利用率,努力做到运距最合理,费用最低廉。因为二次物流的开展以公路运输方式为主,所以选择配送运输的路径非常关键。同时要做好运距测算和管理,保证基础数据真实可靠。

制定加油站的优先配送库和辅助库方案,明确优先以配送库作为主力使用。在市场紧张、资源受限的情况下,采取辅助库配送的方式开展,并根据实际情况,进行动态管理。

(三)通过资源串换实现优化

串换是不同经营主体为节约物流费用,提高资产利用效率,以货币价值为尺度,在不同时间、不同地点相互出售同一种商品的过程。成品油资源串换是油品销售企业之间,以节约成品油物流运行成本或相互补充所需资源为目的,采取“对等销售、异地互供”的方式,并按规定从串换方取得法定票据的经营行为,这是降低物流成本、实现优化的有效途径。

五、运输损耗管理

成品油的运输损耗主要与装车和运输两个环节密切相关。装车过程中的作业内容,诸如装车时油品的流速、鹤管位置的高低都可能影响油品的损耗。运输环节的呼吸损耗,则是由自然环境的影响和油品本身特性所决定的。此外,各个环节中人为的因素也是造成损耗的原因。

开展运输损耗管理不仅可以有效降低企业的经济损失,还可以提高安全环保管理的总体水平。对于运输损耗,可以按环节来细化管理。在装车环节中,应考虑环境因素的影响,如昼夜温差较大的地区,可考虑在温度较低的时点作业,降低装车环节的蒸发损耗。将流速控制在一个适宜的范围,既可减少损耗,又不影响作业效率。运输过程中,合理控制运输时长,可降低损耗和运输风险。减小人为因素的影响,最为有效的办法是强化培训和交流,提高执行力。

第五节 油品销售企业的商务谈判

商务谈判是在商品经济条件下产生和发展起来的,已经成为当代社会经济中不可或缺的重要组成部分。谈判既是一门科学,又是一门艺术,更是业务开展的核心。谈判技能体现出企业和个人的软实力,掌握有效的谈判技能能够促进企业的发展,能够提升个人的自身价值。因此,我们要通过理论结合实际,在实践中不断丰富个人和团队的谈判技能,从而助力油品销售企业的发展。

一、了解商务谈判的概念

谈判是要通过洽谈,最后做出决策。商务谈判是关于商业事务的谈判,具体是指两个或两个以上从事商务活动的组织或个人,为满足各自经济利益的需要,对涉及各方面切身利益的分歧进行意见交换和磋商,谋求取得一致和达成协议的经济交往活动。① 从商务谈判的概念当中,不难发现其中的关键字眼主要有谈判、商务活动、经济利益和意见交换。除了了解商务谈判本身,要想开展好商务谈判,我们还要在这些关键字眼涉及的范畴内进行知

① 王剑华,马军伟. 商务谈判实务与综合实训[M]. 北京:北京交通大学出版社,2017:3.

识和技能的摄取和丰富。没有理论基础的支撑,商务谈判难以持久高效,用理论武装头脑是必要环节。针对油品销售企业的商务谈判,行业的业务知识是基础,当我们把业务技能和谈判技能有机结合后,成功的商务谈判也就近在咫尺了。

二、理解商务谈判的重要意义

当今社会之中,谈判无处不在,无时无刻不围绕在我们每个人身边。没有商务谈判,便无法进行经济活动。谈判不是体育比赛,非要分出胜负。商务谈判是企业与企业之间互利共赢的有效手段。油品销售企业的各项业务活动离不开商务谈判,从采购环节到销售环节,谈判都始终贯穿其中,发挥巨大作用。企业往往更注重的本身行业业务技能的培训和学习,都会不同程度地忽略通用且关键技能的培训,商务谈判的培训便属于这种情况。为有效沟通,有的企业举办过培训班,有的企业开设过与经济类相关的课程,有的企业组织过针对“明星企业”的经验学习,但真正能做到有机结合、注重实战、具有持之以恒精神的企业却并不多。油品销售企业战略中,在员工队伍建设和企业发展等方面应明确谈判技能的相关内容,在日常的工作开展中,要强化思想认识,因为只有谈判才能获得自身想得到的利益。

三、明确商务谈判的原则

谈判成功与否,可以从目标实现的程度、付出成本的大小和双方关系改善的程度来判断。如果我们想提升谈判的成功概率,那就要清楚它的原则。以应遵循的原则为基础,利用适当的谈判技巧,既可使谈判成功的概率大幅提升,又能做一个被尊重的谈判者。油品销售企业谈判的原则包含以下几个方面。

(一)依法合规的原则

依法合规是开展任何活动的前提。商务谈判必须遵守国家法律、法规,签订的合同或协议也只有在合法的前提下,各项权益才能受法律的保护。

（二）平等协商的原则

谈判双方可能在企业的规模、整体实力等方面存在差别，但谈判中双方都要处于平等的位置，在自愿协商合作的条件下开展谈判。

（三）诚实守信的原则

谈判双方应有想合作的态度，做到以诚相待、相互信任、遵守承诺。

（四）求同存异的原则

谈判是一种为谋求一致而进行的协商活动，参与谈判的双方会蕴藏着利益上的一致和分歧。对于意见相同之处，达成共同协议，对于不容易达成一致的，不急于求得一致，可以后再谈。

（五）双方共赢的原则

谈判最终是希望双方都可以达到自己预期的目的，而不是只满足其中一方的要求。双方共赢是保持后续长期合作的关键。

四、掌握商务谈判的基本过程

商务谈判是有章可循的，我们要了解谈判的基本过程，才能在谈判的过程中获得有利位置。但在现实中，谈判并不是只靠机械地理解概念、背诵步骤就能完成的，因为一切社会活动的中心始终是人，我们只有带着诚意、守住底线、积极争取、注重对方的感受，才能有机会赢得谈判。因此，油品销售企业在谈判时应注意以下几点：

（一）谈判的前期阶段要准备充分

1. 组建谈判团队

有些商务谈判一个人就可以完成，有的商务谈判则需要一个团队才能完成。谈判人员应具备敏锐的观察力和判断力、良好的语言表达力和心理承受力，充满自信并富有创造力，有礼节。对于谈判团队来讲，各成员之间要相互取长补短，主次分明，做到分工明确。

2. 注重谈判的重要因素

谈判的重要因素包括信息管理、谈判时机、综合实力和人为因素。信息管理的准确程度直接左右着最终决定；找到谈判的恰当时机可以使谈判在短时间内顺利地达到预期目的；认清双方的综合实力，可以灵活运用谈判技巧；情绪和情感是人为因素当中对谈判影响最大的因素。

3. 全方位搜集对方的有效信息

及时掌握准确的信息，是谈判取得成功的重要因素，因此信息的搜集就显得格外重要。我们要善于收集有效信息，不论是谈判的准备阶段，还是谈判的开始和推进阶段，都要随时搜集对自己有用的信息。搜集的形式也不拘一格，油品销售企业既可以从其他炼油企业处获得要谈判企业的信息，也可以通过其他油品销售企业获得要谈判企业的信息。注重谈判过程中的细节，一句话、一个动作都可能成为对己方有利的信息。

4. 准备谈判资料

首先应明确谈判的目标，围绕着目标制定谈判的方案和策略。方案中应包含整体规划、谈判目标、谈判人员组成、议程安排、谈判地点等内容。需要结合自身的优劣势，根据谈判形势的发展变化，去制定切实可行的策略。

（二）谈判的开始阶段要争取主动

1. 营造良好的谈判氛围

谈判开始阶段，大家都会努力营造一个良好的氛围，使谈判向着预想的方向推进。谈判氛围发生变化，会对整个过程产生巨大影响，甚至直接影响到谈判的最终结果。参与谈判的人员应尽量放平心态，克服紧张情绪，拉近与谈判方的关系，避免在谈判开始阶段谈及意见分歧较大的内容。

2. 争取主动，抢占先机

抢占先机是每个谈判者都期待的，也是大家一直在追寻的目标。积极主动了解对方的真实需求和想法，并利用对方的需求，将自身优势充分地展现，努力显示出自己的不可替代性，这是最终赢得谈判的有效途径。

3. 投石问路，试探虚实

商务谈判的焦点始终还是在于价格，鲜有在谈判开始就直接亮出自己的底牌的，如果我们直接接受了对方的第一次报价，那始终是得不偿失的。在这个阶段大家都在投石问路，捕捉时机，了解虚实之后再果断出手。我们应明确所定目标的上下限，这样才能把握相互让步的尺度，增加合作共赢的机会。

（三）谈判的推进阶段要控制方向

1. 步步为营，击破层层的谈判障碍

谈判障碍的存在是必然的，冲破层层障碍谋求合作是谈判的目的。一味想说服对方完全改变立场是不客观的、不切合实际的，甚至会适得其反。这不但无法击破谈判障碍，而且还会创造另一个障碍。我们要认清障碍的类型，是属于利益冲突还是决策程序范畴，前者可本着客观公正的原则去解决，后者则需要相互协助才能解决。

2. 正确看待僵局，才有可能打破僵局

僵局的出现也是谈判过程中常见的现象，大家在谈判过程中为了谋求自身利益最大化，你来我往，就容易出现僵局。僵局并不代表着谈判即将破裂，在守住底线的前提下，我们只要积极主动，还是会打破僵局的。查找大问题要从小处入手，暂时搁置僵持的议题、调换谈判人员等都是打破僵局的手段。

3. 巧用让步技巧，顺利推进谈判

让步是谈判中不可或缺的内容，没有相互之间的协商和让步，谈判本身也就失去了意义。让步要根据自身所定目标的上下限，通过一定的技巧去实现。大幅度地让步、一步到位地让步、频繁的让步只会使自身陷于被动。我们要把握让步的原则，在目标上限考虑做出让步，在目标下限寸步不让，真正做到让而不乱，让而有得。

（四）谈判的末尾阶段要实现双赢

1. 坚持到底，未必能赢得谈判

只知道前进，不懂得迂回，只想得到，不懂得舍去，坚持到底未必会取得胜利。如果难以接受对方的要求,要学会随时停止。这种随时停止的策略,不是要真正停止谈判,而是要让对方感觉谈判随时有可能会终止,这种做法很有可能扭转被动的谈判局势。

2. 实现双赢,让双方都觉得赢了谈判

双赢是谈判的最终目的,不是双赢的谈判结果并不会长久。双赢也并不是让谈判的某一方放弃一部分自己的利益,恰恰是要通过合作扩大各自的利益。双方都觉得赢了的谈判是彼此的期望值都得到了最大的满足,也是强化合作的开始。

第六节　加油站成品油库存管理的优化

加油站一般采用地下储罐进行油品存储,根据不同区域所在的位置来确定汽、柴油罐比例。加油站成品油库存管理是十分重要的一项工作。如何让加油站的库存量更加科学合理,防止库存积压或不够的情况出现,更加合理地占用资源与资金,是加油站应思考的问题。在客户需求日趋多元化的今天,科学合理的库存结构能给加油站带来更大的经济效益,进一步提升市场竞争力。

根据行业特点和对加油站库存管理的经验,以某企业所属加油站为现实依据,结合进货周期管理、供应链管理和库存管理的理论知识,对加油站成品油需求、采购、运输、接卸、库存和盘点等问题进行分析,对加油站成品油库存管理提出意见和改进方法。

一、加油站成品油库存管理的概念及研究意义

(一)加油站成品油库存管理的概念

成品油销售体系分为进、销、存三种业态,其中库存管理是销售体系中重要的组成部分,也是成品油供应链的源头。库存之所以在供应链中存在,归根结底是销售的不确定性带来的,再加上计划、排产、生产、气候和运输等因素的影响。为了保证加油站正常运转,进一步优化客户体验,需要一定数

量的成品油库存,而这一部分库存在商业流通企业中也称为存货。库存管理就是对企业的存货进行管理,在“互联网 +”的管理基础上,通过数据分析、销售比对和降低资金成本等方式对存货进行科学管控,最终达到最理想的状态,这也是企业管理水平的重要体现。

(二)加油站成品油库存管理的目的和意义

库存其实相当于一种投资,库存的存在,有利有弊。科学合理的库存管理不仅可以减少存储费用、物流费用和吨油成本,而且可以加快库存的周转,盘活资金,增强企业盈利能力,因此库存管理在日常经营中愈来愈受到销售企业的重视。油品销售企业库存大致可分为日常库存、安全库存、季节性库存和投机库存四种。当销售数量大于库存的时候,会造成油品供不应求。而销售数量小于库存的时候,会造成库存积压,占用流动资金。那么如何通过四种库存管理和库存调节,合理地占用库存资金、降低库存总成本,让加油站库存相对科学,从而给加油站带来更大的效益,提升市场竞争力,这是企业发展中无法回避的问题。

(三)加油站成品油库存管理的研究方法

成品油是一种以液态形式存在的商品,它具有流动性、易挥发性和易渗透性等特点。根据油品自身特点,以某企业油库和加油站为例,以加油站成品油库存管理中进货、验收、卸油、库存管理、盘点、付油、库存补给为切入点,对库存合理性进行分析研究。

二、加油站成品油库存管理现状的分类

(一)按品种分类进行管理

成品油企业的业务链条中锁定了油田企业、炼化企业和销售企业,形成了存储、运输及配送的成品油价值链。目前,我国加油站销售成品油主要有柴油 5#、0#、-10#、-20#、-35#;汽油 E90#、E92#、E95#、E98#。这么多的品种,不可能都单罐储存,那么就需要了解周围客户的需求,根据销量决定储

油罐的储存分布。也可以按照销量大小将目标油源分为高、中、低进行管理。这有助于改善库存管理结构,但政策的调整也要随着资源供应、季节变化、周边市场变化及竞争对手销售策略的调整而做相应调整,以满足客户对各品种的需求,提高客户的忠诚度。

(二)按进油周期进行管理

加油站成品油以零售为主,销量的大小和加油站所处的地理位置、资源供应能力和自身管理水平有着密切联系。从政府对城市的总体规划来看,人口密集区的储油罐相对较小,而人口稀疏区的储油罐相对较大。在制订采购计划的时候,要根据加油站上报的需求计划,结合周边油库情况,加油站储油能力、付油能力和油罐车的运输能力来综合研究。

(三)按销量目标进行管理

加油站的销量目标是根据销售企业的销售需求制定的。油品销售企业按照其不同发展阶段、不同的季节变化、不同的周边竞争态势制定适合自身发展的销售目标。

三、加油站成品油库存管理存在的问题

(一)不够重视,相对缺乏总体规划

大部分油品销售企业对成品油库存管理还是比较重视,但重视的出发点还是基于常规经营。企业库存量要满足日常销售的需要,适时增加或减少等,这些工作只是库存管理表面上基础工作的一部分,没有深度挖掘和开展。部分企业只是从总体角度考虑了油品的库存,对其他细致环节并未进行有效分析,对成品油库存管理不够重视,甚至忽略了库站之间的库存关联,以及站内库存在经营挖潜增效中的作用。应在开展总体规划的前提下,细致分析库存管理的各个环节,找到加油站成品油库存管理的问题,从而对症下药。

(二)信息自动化水平偏低

信息化这个概念从无到有、从小到大,它已经完全融入了人们的工作和生活中,企业亦是如此。我们以某企业加油站为例,该加油站地处城区中心地段,销售量高。该站经过改造,安装了油罐液位仪和IC卡加油机。目前站内液位仪已使用多年,属于较早期产品,型号有些陈旧,难以后续升级,IC卡加油机经过多次升级后暂可继续使用。老旧硬件设备已经难以与越来越完善的管理软件进行有效对接,有碍信息化的推进。该加油站作为这个企业较好的站点尚需硬件更替,其他的站点更是如此。更替硬件既需资金的投入,又需停业改造,还需研究多个站点如何开展,以及如何平衡经营工作等问题。应充分认识信息自动化的必要性和迫切性,做好规划分阶段实行迫在眉睫。

(三)销售预测能力不足

加油站成品油库存不合理是一个普遍现象,这导致资金占用量大,资金周转率低,还影响其他规模投资,带来油品质量不合格等管理风险。过少或过多的成品油库存归根结底是市场研判能力不足、客户管理不到位造成的,因此很难做出较为准确的销售预测。主要有几下几点原因:一是职能部门职责不够明确,在市场研判、客户管理和销售预测方面,常态化开展得不深入、不精细,缺乏一定的系统性;二是业务软件系统使用效率不高,系统分类管控和业务分类管控不能有机结合,利用系统进行全方位大数据分析的能力还有待加强;三是各级业务人员对市场情况、竞争对手策略及阶段性重点目标等信息掌握得不够及时有效。

四、加油站成品油库存管理的改进措施

(一)全员参与,做好统筹规划

只有企业高层管理者认识到这项工作的重要性,才能在企业内开展全面、有效、协调的库存管理工作。各相关线条和管理者通力配合,才能发挥

资源的最大优势。应开展库存管理的总体规划,强化统筹、抓住重点、注重细节、落实职责、持续改进,组织开展培训和研讨,积极听取基层员工的意见,逐环节、逐细节分析和落实。在深化挖潜方面,应以促经营、降成本、强管理为目的,鼓励全员参与,举一反三,不断强化整体工作。

(二)实现信息化、自动化已势在必行

油品销售企业目前仍存在较多环节的人工作业,这显然是亟须改变的现状。要想全面实现信息化、自动化,就必须要紧紧跟随时代和行业的步伐,明确以智能设备取代人工作业的目标,做好软硬件配套的工作预期和长远规划。硬件的投入必不可少,全系统自动计量建设是实现信息化、自动化的前提条件。油库自动付油系统、多功能液位仪、卡机联动加油机、视频监控系统等都需要做好兼容性,再开展安装调试或是再升级工作,为后续的软件平台搭建做好硬件基础。当进、销、存各环节智能硬件形成体系之后,便可将油库和加油站中的每个油罐库存、配送车辆运营等情况整合在软件管理平台,进行动态管理。这些数据将在软件平台上直观地体现出来,各级管理人员便可以高效完成、主动配送,及时合理地调整各油罐库存数量。

(三)销售预测是加油站成品油库存管理的核心能力

销售预测的不准确性直接导致了各种弊端,各线条未明确专兼职管理岗位,还容易出现职责不清的问题。我们可以从源头和制度入手,明确职责,将责任落到具体的人身上。特殊市场时期的对策不及时、对客户需求掌握得不够精准、客户管理不到位是长期存在的问题。可利用现有的零售类管理系统、客户管理系统,对客户需求、消费习惯等特点进行大数据对比分析,强化系统分析能力,为客户精准画像,从中做出客观的销售预测,合理安排库存。对市场和竞争对手的了解也是库存管理的重要部分,可以采取"日碰头、周例会和月总结"的方式,加强信息共享、沟通交流,为客观的销售预测打好坚实基础。

通过加油站成品油库存管理,不仅可以解决库存量需求、计划、补库等基本问题,还可以使这项工作更加科学,更加切实可行,提升管理质量的同时,持续改善企业经营质量。

第三章　加油(气)站运营管理

加油(气)站是油品销售企业的终端,承载着多种职责与职能。既要为企业实现利润和价值提供有效渠道,又要肩负起服务社会的责任。经济社会的迅猛发展,给加油(气)站运营管理提出了新要求,与时俱进是新时代下运营管理工作的重点。

第一节　加油(气)站的规划和选址

加油(气)站的规划和选址应符合城市总体规划及道路交通规划,并充分考虑安全防火和环境保护的要求,站址的选择是否得当直接影响加油(气)站的经济效益和社会效益。

一、加油(气)站的规划

(一)加油(气)站不规划建设的弊端

1. 站点分布不合理

加油(气)站作为油企的最前沿,是企业的利润点所在。终端站点越多,辐射范围越大,辐射范围越大就代表着市场越大,占有率便越大,这是大部分油品销售企业对零售市场的认知。企业战略定位在大力开发拓展网点上,甚至不惜成本抢夺和建设。在这种战略的指引下,不以市场为载体,不以用户为中心的现象频现。长期以来,关于加油(气)站到底是作为城市的配套基础设施还是作为普通商业网点的论题一直没有明确结论,但毋庸置疑的是加油(气)站的建设绝不能脱离城市整体、市场渠道和用户的需求。

前期的站点肆意建设、随机建设必然带来后续连锁的负面影响。例如:城市空间利用不合理;建设布局不合理。城区中尤其是主要的商业街区车辆密度大,站点数量又太少,因此站内排队现象十分常见。以哈尔滨市为例,城区加油(气)站数量占全市总量的10%左右,而城区内民用机动车量却占全市总量的32%左右。从以上数据中我们不难看出,站点的分布情况和民用机动车的分布情况很不协调。城区内,尤其是老城区内,站点建设非常困难,因为城市重新规划改造过程中只有拆除的站点,鲜有新建站点,这持续加剧了站点和民用机动车分布的不协调性。城区内某两座加油站仅一道之隔,距离不足50 m。在城市不断对外扩展的时候,新建站点才得以有效规划,满足城市的配套和商业需求。城区内车满为患,反观郊区、县道和乡镇,规划布置不严格,站点数量过多,密度很大。例如:某县道在短短50 km的公路上,竟存在近30个站点,可想而知,带来的只能是低效和各种风险隐患。各个乡镇原有的农机站点,服务对象更少,往往一个乡镇还不止一个站点。除了保障部分春耕、秋收用油之外,日常满足的都是非常固定的用户需求。随着农村人口的流失和老龄化程度日渐加重,这种需求还是非常有限的。

2. 资源、资金利用低效,不利于经济发展

加油(气)站建设是一个较为漫长,耗时、耗力、耗资源的过程。资源是有限的,消耗之后很难再生,有限的资源要充分利用。按照消防的要求,加油(气)站的建设均需满足相应的安全距离要求,必须要从有限的建设用地中让出足够的安全间距。近年来,国家越来越重视环保工作,双层油罐、双层管线和防渗池升级改造工程就是环保的具体表现。与之配套的测漏系统、水源观测井除一次投入建设以外,后续维护、定期检测和人工成本也是不小的支出。随着建设材料价格的不断上涨、人工成本的持续增加,那些缺乏规划乱建的站点,不仅浪费了资金、浪费了人力资源,而且浪费了大量宝贵的森林和土地资源。

3. 风险隐患增加

在某一区域内,在供大于求的状态下仍旧无计划地继续增加站点数量,只能增加相应的风险隐患。油(气)的库存与消耗量不成比例,必然导致该区域内的风险直线上升,风险点过于分散,不利整体管控。风险隐患的增加,必然带来影响社会稳定的不利因素。还有各个油品销售企业管理水平参差不齐,管理相对薄弱的企业给整个区域的安全带来巨大风险,这都是社会的不安全因素。

4. 给交通和能源带来影响

城区内车辆保有量大,站点数量还少,且大部分站点受建设所处年代认知的制约,场地普遍不大,难以开展扩建工作。这就导致在某些繁华地段,车辆进站加油(气)排队等候影响交通的现象时有发生。由于城区内加油(气)难的问题,部分车辆就会去距离较远的郊区站点加油(气),这不仅带来了不必要的能源消耗,还增加了交通拥堵的风险,更增加了交通事故发生的概率,消耗了人们的时间和精力。

(二)加油(气)站规划后建设的优势

将加油(气)站建设规划统一纳入城市整体发展建设规划中,这是利国利民的,更有利于社会的平稳发展。这将有力缓解城区内选址难、征地难的窘境,有效平衡新老城区的站点分布,弥补老城区改造过程中拆除站点带来的供应不足。规划后,站点的布局会更加合理和科学,这有利于城市交通的健康发展,减少不必要的人力、物力的浪费,提高城市交通效率。

(三)加油(气)站规划建设的原则

在总体控制满足需求的前提下,可以遵循“点线面”原则合理布置。可以按照地域特点和用途的不同,将站点分为城区、郊区、城乡接合部。其中,“点”指的是加油(气)站的站点,“线”和“面”指的是区域和道路划分所遵循的原则。

(1)城区是指城镇的中心区域,人口密集,车辆保有量大,加油(气)站的规划应按照“面”的原则考虑。服务半径是规划布局原则中的重要指标,它应与汽车保有量成反比。《城市道路交通规划设计规范》中指出,城市公共加油站的服务半径宜为0.9—1.2 km,但实际情况与规范中的要求还有很大差距,这对城市的后续发展和经济的提升都是不利的。我们应从长远角度出发,考虑我国国情及未来10—20年市政道路和汽车总量的发展,这样才是积极和正向的。

（2）城区外延道路、城乡接合部、郊区、高速公路、省道和国道应按“线”的原则考虑，主要服务于相对固定的车辆，以区域内私家车和企事业单位用车为主，一般以本区域汽车保有量 500 辆左右设置一站为宜。省道、国道和县道上每 10—20 km 设置一座加油（气）站，高速公路上每 50 km 在道路两侧各设置一座加油（气）站。

二、加油（气）站选址、等级划分的相关要求

（1）加油（气）站的站址选择，应符合城乡规划、环境保护和防火安全的要求，并应选在交通便利的地方。

（2）加油（气）站要沿主干道交通负荷重心两侧布置。对于城市交通主干道、出入方便的次干道，高等级公路、高速公路，要结合道路出入口布置加油（气）站。

（3）在城市建成区不宜建一级加油站、一级加气站、一级加油加气合建站、CNG 加气母站。在城市中心区不应建一级加油站、一级加气站、一级加油加气合建站、CNG 加气母站。

根据存储油品或是天然气的数量多少，将加油站、加气站和合建站点分别分为一、二、三级。按照站的等级划分，单罐储量均有相应要求，可依据《汽车加油加气加氢站技术标准》（GB 50156—2021）执行。

（4）城市建成区内的加油（气）站，宜靠近城市道路，但不宜选在城市干道的交叉路口附近。应有利于交通安全和畅通，避开交叉路口等交通集中的地段，以免站内车辆出入与过往车辆发生交叉堵车，影响路口的通行能力。在双向车流量大的道路两侧，可错开一定距离对称选址，方便双向行驶车辆加油（气），减少车辆转弯对道路的横向干扰。

（5）选址应具有较好的可见度，避免在弯道、坡路选址，因为弯道司机视野受阻，坡道处车辆速度较快，为交通事故多发地带，不适于建站。

（6）应避开地下有构筑物、煤气、热力等市政管线，空中有高压电线、通信电缆的土地。避免在塌陷回填、地势低洼、地下水位高的区城选址，以免给施工造成困难。

(7)站点附近应有便利的电源、水源和冬季采暖条件,尽量减少站外配套工程的投入。

(8)加油站、加油加气合建站等相关要求,必须严格按照《汽车加油加气加氢站技术标准》(GB 50156—2021)执行。

第二节 加油(气)站主要区域及设备设施

加油(气)站的区域是在保证安全和符合设计规范标准的前提条件下,按照功能、用途和性质进行划分的。站内的主要设备设施是为了实现各个区域的基本功能,以及满足相关标准而配备的,例如环保类设备。

一、加油站主要区域划分及设备设施配备

(一)主要区域划分

加油站主要分为加油作业区、油罐区、营业区和辅助区。其中营业区包含吧台、便利店、洗车场所,辅助区包含财务室、仓库、卫生间、发配电间、危废储存场所,锅炉房、厨房和宿舍可按照地方具体要求设置。

(二)设备设施配备

1. 加油机

加油机是加油站必不可少的设备,具有输送油品和计量双重功能,它种类繁多,目前加油站普遍使用的是具备防作弊功能的电脑型加油机。可分为以下类型:

(1)按照使用形式不同可分为车载式、移动式和固定式。

(2)按照使用油泵的不同可分为自吸式和潜泵式。

(3)按照流量大小不同可分为大流量型(80 L/min)和普通流量型(50 L/min)。

(4)按照油枪数多少可分为单枪机、双枪机、四枪机和多枪机。

(5)按照每台机器提供的油品种类多少可分为单油品机、双油品机和多

油品机。

2. 储油罐

储油罐是加油站储存油品的设备，一般采用 15—50 m^3 的规格，其中 30 m^3 的油罐最为常用。按照环保的最新要求，目前加油站普遍采用的是双层油罐。

(1)储油罐的分类

①按照储油罐形式不同可分为立式罐和卧式罐，加油站普遍采用的是卧式埋地储油罐。

②按照储油罐层数不同可分为单层罐和双层罐。

③按照储油罐结构不同可分为 SS 型(双层钢制油罐)、SF 型(钢制强化玻璃纤维制双层结构储油罐，是在单层钢制油罐外附加一层玻璃纤维增强塑料防渗外套，从而构成的双层结构油罐)和 FF 型(玻璃纤维增强塑料双层油罐，内外两层皆为玻璃纤维增强塑料制造而成，中间具有间隙)。

(2)储油罐及其附件的技术要求

储油罐中采用较多的为 SF 型，即钢制强化玻璃纤维制双层结构储油罐，这里只针对这个型号进行表述。

储油罐除主体之外，附件主要包含人孔井、通气管、计量口、阻火器、呼吸阀、防渗漏检测装置、液位仪等。

①储油罐的设计应由制造单位完成，设计的使用年限不可低于 20 年，设计压力不应低于 80 kPa，使用温度应在 -20—60 ℃之间。

②当储油罐设置在非行车道下面时，埋地深度不应小于 500 mm；当设置在行车道下面时，埋地深度不应小于 900 mm，最大埋地深度不宜超过 2100 mm。

③储油罐应水平放置在带回填材料的基础之上，储油罐本身不应设置支座，且要用防漂装置固定。

④储油罐公称直径不宜大于 2800 mm，总长度不应大于公称直径的 8 倍。

⑤储油罐应配备渗漏检测装置，能对间隙空间进行 24 小时全程监控。一旦内罐或外罐发生泄漏，渗漏检测装置的感应器可以准确地对泄漏的部

位进行感应,并及时发出警报,保证储油罐的安全使用。

⑥储油罐应安装带高低液位报警功能的液位仪装置。

⑦储油罐应设可靠的接地装置。

3. 油气回收系统

油气回收系统是基于安全、环保和经济效益等方面的因素逐步推广的。油气是加油站不安全因素中最为突出的一个,合理控制油气排放是保障安全的重要举措,不有效控制将增大火灾和爆炸的概率,不利于人员安全和社会稳定。油气对大气造成的污染不符合环保要求,必须按照《加油站大气污染物排放标准》(GB 20952—2020)中的相关规定执行。油气的挥发和排放也必然造成油品的损耗,对经济效益造成一定影响。

目前加油站的油气回收系统分为三级。一级油气回收为卸油油气回收系统,二级油气回收为加油油气回收系统,三级油气回收为加油时回收的油气处理转变系统。一级和二级油气回收严格来讲只是油气收集的过程,而三级油气回收才实现了真正意义的油气回收,是将加油时回收的油气经过处理,转变为清洁空气、高浓度饱和油气和液体汽油的过程。

(1)一级油气回收

一级油气回收是加油站在卸油作业过程中,油罐车和卧式埋地储油罐之间通过油管和气管连接,使卸油时卧式埋地储油罐产生的油气全部进入油罐车,再由油罐车将油气回收至油库的过程。

(2)二级油气回收

二级油气回收是利用油气同轴胶管和油气回收加油枪,将车辆加油时油箱处产生的油气,经过加油枪、油气同轴胶管和真空泵返回到卧式埋地储油罐的过程。其中真空泵可分为集中式和分散式两种,集中式真空泵安装在卧式埋地储油罐人孔井处,分散式真空泵安装在每台加油机内。

(3)三级油气回收

三级油气回收是将车辆加油时回收的油气经过处理,转变为液态油品加以利用的过程,是加油站节能减排的重要内容。按照环保要求,城市建成区内的站点必须按照三级油气回收系统对油气进行处理。三级油气回收的处理方法主要有冷凝法、溶剂吸收法、吸附法和膜分离法,加油站采用较多的是冷凝法和膜分离法相结合的方法。

4. 信息管理系统

加油站常配备的信息管理系统有付油管理系统、液位仪系统、IC 卡系统、便利店管理系统等。

5. 监控设备

加油站应安装监控系统，做到无死角。其中室外监控适宜安装带夜视功能的红外摄像头，可以清楚地拍摄车辆牌照。监控系统应具备远程访问、信息安全、多点同时访问等功能，存储时间不少于 90 天。

6. 发配电设备

发电机和配电系统应符合国家相应标准，且要定期进行维护、保养和检定。

二、加气站主要区域划分及设备设施配备

（一）主要区域划分

CNG 加气站可分为加气作业区、储气瓶组（储气井）、生产区和辅助区。LNG 加气站可分为储罐区、LNG 橇区、加气作业区、卸车区和辅助区。

（二）设备设施配备

1. 加气机

加气机是向燃气车辆充装 CNG 或 LNG 的设备，它同时具备充装、计量和计价功能，是加气站的终端输出装置。可分为以下类型：

（1）按照流量计类型不同可分为体积流量计和质量流量计。

（2）按照加气枪数量不同可分为一机一枪、一机双枪和一机多枪。

2. 天然气预处理装置

预处理装置一般包含分离器、过滤器、压力调节阀、流量计等设备。

（1）分离器

将油、气和水进行有效分离，也可做油、气、水和泥沙等多相的分离，可

作缓冲、计量之用。

(2)过滤器

用于过滤天然气中的固体颗粒和杂质，主要作用有筛除、深度过滤、静电和活性介质的吸附作用。

(3)压力调节阀

可分为直接作用式、气动薄膜式和自力式三种，目前应用较为广泛的是自力式压力调节阀。

(4)流量计

用于供气商销售天然气结算使用，定期进行检定。

3. 脱硫塔

由于天然气中含有硫化氢等酸性气体，为防止其对设备管道等的腐蚀，要对天然气进行净化处理，用于脱硫的设备就是脱硫塔。

以双塔并联工艺为例，主要工作原理为脱硫和再生交替进行。当未净化的天然气进入脱硫塔后，从上至下依次经过脱硫剂区域，天然气中的硫化物与脱硫剂发生反应后将硫进行置换。处理过后的天然气硫化物含量不大于6 mg/Nm^3，从管道出口排出完成脱硫过程。随着脱硫剂的消耗，脱硫效果会逐步减弱。当管道处检测仪表显示硫化物含量接近6 mg/Nm^3时，表明脱硫剂即将失效，需要还原再生后才能继续工作。此时应停止脱硫，关闭天然气进出管道处阀门，打开再生气进出管道处阀门，使空气进入设备。空气中的氧气在通过脱硫剂区域时将其氧化，使脱硫剂再生。如此反复交替进行，不断地重复脱硫和再生过程。

4. 脱水装置

天然气中如果析出液态水，不但会产生冰堵等危害，还会促进硫化物对设备的腐蚀，并可能造成管道开裂，导致更严重的事故发生。

压缩天然气站一般选用双塔式干燥器进行脱水，按照脱水装置在站中的位置不同还分为低压、中压和高压三种方式。

(1)低压脱水

安装在压缩机进气口前面的脱水装置，处理的天然气压力低、含水量高。可分为半自动、全自动和零排放三种。主要由干燥器、冷却器、分离器、加热器和风机组成。

(2)中压脱水

安装在压缩机中间级出口处的脱水装置,根据压缩机压力高低的不同,决定放置在压缩机的一级或是二级出口处。可分为半自动、全自动和零排放三种。组成与低压脱水装置类似。

(3)高压脱水

安装在压缩机末级出口处的脱水装置,其结构和尺寸较小,脱水量也小,较为适合集装箱形式的气站使用。

5. 压缩机

压缩机是一种将机械能转化为气体压力能,用于提高气体压力的机械设备,应用范围十分广泛。天然气加气站普遍使用的是曲柄连杆往复活塞式压缩机。可分为以下类型:

(1)按照工作原理不同可分为容积型、动力型和热力型。

(2)按照气缸排列形式不同可分为立式、卧式和角度式。

(3)按照润滑方式不同可分为有油润滑、无油润滑和少油润滑。

(4)按照冷却方式不同可分为水冷式、空冷式和混合冷却式。

(5)按照压力不同可分为低压、中压、高压和超高压。

6. 储气系统

主要包含储气罐、储气瓶组、储气井等,这些都是压力容器,除满足出厂要求之外,均需定期进行检定。

(1)储气罐

用于储存天然气的设备,主要由罐体、封头、接管、法兰、密封件等组成。按照压力不同可分为高压、中压、低压储气罐,按照材质不同还可分为碳钢、合金钢、不锈钢储气罐。

(2)储气瓶组

将多个相同规格的储气瓶分高、中、低三组卧式布置,安装在支架上即可。储气瓶组安装简便快捷,运行成本低,日常维护中只需定期进行外观检查和瓶壁厚度检测。

(3)储气井

采用钻井技术在地面上钻一个约为80—200 m的井,然后用直径18 cm的套管通过管端的扁梯形螺纹和管箍接头连接在一起,两头再各安装一个封头,形成一个细长的容器,放至井中,然后在套管外围与井壁之间灌入水泥砂浆进行固井,便形成了一个地下储气井。根据加气站的容积需要,可以灵活决定储气井的深度和数量,每口井的间距大约1—1.5 m。

第三节 加油(气)站HSE管理

加油(气)站HSE工作的开展就是对健康、安全和环境进行全面管理,管理的过程为一个动态管理的过程,涉及事前、事中和事后的管理。

一、加油(气)站HSE基本概述

加油(气)站是储存设备,为车辆提供汽油、柴油的加注和天然气充装服务的综合性场站。由于石油类产品普遍具有易燃、易爆、易挥发、易流淌、易集聚静电荷、易毒害等特征,在经营过程中存在泄露、废气废物排放超标、火灾爆炸等风险,这将对安全管理、作业人员的健康状况和环境保护造成危害。因此,全力开展加油(气)站HSE管理工作显得尤为重要。

加油(气)站HSE管理工作的开展具体包括:建立HSE组织和落实责任制,制定程序文件和作业指导书,开展HSE危害识别和风险防范活动,抓好HSE培训、检查和考核,开展应急演练和配备应急物资,处理突发事故事件等内容。

二、加油(气)站安全管理

安全管理以人的不安全行为、物的不安全状态、环境的不安全因素和管理缺陷为出发点,开展具体工作,最终目的是消除和降低危险发生的概率,实现相对安全。

(一)安全管理的原则

(1)管经营必须管安全的原则。

(2)“三同时”的原则,即加油(气)站安全设施要与主体工程同时设计、同时施工、同时投产和使用。

(3)“三不施工”原则,即没有经过有效批准的作业不施工,监护人员不在场的作业不施工,安全防范措施未落实到位的作业不施工。

(4)“四不放过”原则,即事故原因没有查清不放过,事故责任人没有受到处理不放过,广大员工没有受到教育不放过,防范措施没有落实到位不放过。

(二)加油(气)站安全管理制度

主要包括安全生产责任制、岗位安全职责、安全操作规程等。

1. 加油(气)站安全生产责任制

《中华人民共和国安全生产法》(2021 年 6 月 10 日第十三届全国人民代表大会常务委员会第二十九次会议《关于修改〈中华人民共和国安全生产法〉的决定》第三次修正)中明确规定,建立健全安全生产责任制是做好安全工作的关键所在。安全生产责任制是加油(气)站最根本的一项安全制度,保证了安全和生产的一致性和统一性。全面贯彻安全生产责任制就是要分层级制定和落实职责,推行“一岗一责”制度,健全“有岗必有责,上岗必担责”的要求,营造“安全为我,我为安全”的良好氛围。

2. 岗位安全职责

(1)加油(气)站站长安全职责

①站长对本站安全生产全面负责,是安全生产的第一责任人。

②认真贯彻国家、地方、行业,以及企业内部的法律法规、方针政策、相关规章制度和管理规定。

③与企业和站内员工签订安全生产承诺书。

④对站内员工开展教育培训工作,其中包含劳动纪律、消防常识和安全应知应会等内容。

⑤定期开展站内安全检查,并对班组进行考核。建立安全会议制度,总结不足,制订下步工作计划。

⑥熟悉站内设备设施,监督和指导员工开展各项作业。

⑦对站内的突发事件和事故进行处理,并及时向上级管理部门报告。

(2)站内班组长、专兼职安全员、计量人员、加油(气)员安全职责可按照操作岗位和特点,结合具体实际进行制定。

3. 安全操作规程

按照加油(气)站各岗位作业内容不同,可分为加油(气)作业安全操作规程、接卸油(气)作业安全操作规程、计量作业安全操作规程和检维修作业安全操作规程等。规程制定之后应按照实际情况灵活运用,对现有安全技术升级进行动态管理。

(三)加油(气)站安全教育培训

安全教育培训的内容应包括遵纪守法、安全思想意识、安全技术与基础知识等方面。通过开展安全教育培训可有效提高员工安全管理技能,强化员工思想意识,有利于安全生产工作的顺利开展。按照教育类型不同分为以下几种:

1. 管理人员的安全教育培训

采取内外培训相结合的方式开展。由政府主管部门或是第三方机构组织开展培训,并颁发培训证书持证上岗。对企业主管安全生产的部门进行培训,考核合格后可任职上岗。

2. 三级安全教育培训

对生产岗位员工进行的教育培训。三级安全教育分别指的是厂级(企业级)、车间级(站级)和班组级教育。其中厂级(企业级)、车间级(站级)教育均不少于24小时,班组级教育不少于8小时,总学时不少于56小时。

3. 特殊工种的安全教育培训

凡从事特殊工种的作业人员均要按照国家相关要求,参加专业技术培训,经考核合格后方可持证上岗,并定期参加复审。诸如电工、司炉工、车辆驾驶员等。

4. 日常安全教育培训

加油(气)站必须定期开展安全活动,班组级安全教育活动每月不少于3次,每次不少于1小时;站级安全教育活动每月不少于1次,每次不少于2小时。

5. 外来人员的安全教育培训

对到站内进行参观指导的人员、进站施工作业人员均要提前进行安全教育,让每名外来人员了解站内风险源和安全注意事项,确保活动和作业能顺利完成。

(四)加油(气)站安全管理措施

安全管理措施具体可体现为顾客进站须知、储油(气)罐区安全措施、营业室安全措施、发配电间安全措施,以及各类安全警示标志等。

(五)加油(气)站安全检查

安全检查可分为外部和内部检查,还可分为日常、定期和不定期检查。检查的方式主要以检查表、专家意见和现场管理指导等形式开展。

外部检查指政府职能部门的监督和指导。内部检查指企业级和站级检查,企业级应每月组织开展日常安全检查,在年中和年末需组织开展全面安全检查,并不定期开展“四不两直”检查。站内每日要进行交接班安全检查,主要包括设备设施是否完好。站内每周组织召开一次安全检查会议,总结不足,提出下周工作重点;每月应进行一次全面安全检查,开展隐患排查治理工作。

(六)加油(气)站安全组织

加油(气)站安全组织主要包括防火领导组织的建立、班组级安全员的设立、群众性义务消防组织的建立和周边联防单位组织的建立。各类组织均要制定相关岗位职责,当人员发生变化时及时变更。

三、加油(气)站职业健康与劳动保护

加油(气)站的职业危害主要来源于油气中苯类、烯烃、硫和硫化物等有毒物质,高温、高寒环境带来的影响,噪声和夜间值班给工作人员带来的身体系统紊乱等因素。比较常见的职业危害有中毒、中暑、耳部肺部疾病、神经及心理伤害。

对上述危害因素进行有害控制就是职业健康管理工作的重点,每年定期开展职业危害检测,发放高温、高寒补助,在噪声超标的场所(如发电机房、压缩机房)作业时必须佩戴隔音耳塞,合理安排倒班时间。营造绿色环保的站内环境,既有利于环境的美化,又可使人心情愉悦,从而提高工作效率。

员工在上岗期间要正确配备各类劳动保护物品,诸如带反光条的防静电服、防静电鞋、安全帽、耐油手套等。当发生公共卫生事件时,还应配备口罩、防护面罩、防护眼镜和消毒液等物品。

应组织员工在入职前、在岗期间、离岗和突发事件之后进行职业健康体检,建立职业健康管理档案,进行动态管理。

四、加油(气)站环境保护

加油(气)站环境保护主要是“三废”的管理,即废水、废气和固体废物的管理。加强站内密封点(管道、法兰等连接处存在泄漏风险的位置)的管理,建立管理制度,定期开展巡查工作。

(一)废水

站内要实现清污分流,储油罐区要设置水源观测井。废水的管理主要是对含油污水的处理,其产生来源包括储油罐等设备在清洗过程中产生的含油污水、设备检维修和各作业环节跑冒滴漏产生的含油污水、气站中脱水设备产生的废水,以及压缩机等设备排出的冷凝液等。产生的各种废水、废液要统一收集和保管,交由具备处置资质和能力的企业处理。

（二）废气

控制油站油气的排放和气站设备超压排放及正常生产情况下的无组织排放是废气管理的核心内容。油站内应设立一、二、三级油气回收，每半年进行一次检测。气站应加强生产装置的技术管理，最大限度减少废气的无组织排放。同时加强对站内设备设施的维护和保养，确保各连接处密封完好，做好不渗不漏。

对于站内设置厨房的，油烟管理请按照地方要求执行。

（三）固体废物

固体废物包括一般工业固体废物和危险废物，管理应遵循“减量化、资源化、无害化”和“谁产生、谁负责”的原则。

加油（气）站固体废物主要包括油站的废矿物油与含矿物油废物，气站的脱硫剂、脱水剂，含汞废物和其他废物等，具体参照《国家危险废物名录（2021年版）》（部令第15号）执行。

加油（气）站应建立固体废物管理档案，其中包括固体废物申报登记资料、固体废物管理台账、危险废物处理处置单位资质数据库、危险废物转移联单等。固体废物管理台账和危险废物转移联单保存期限至少为五年，其他档案和台账资料保存期限至少为三年。

五、加油（气）站风险管理

风险识别是风险管理工作的起始点，首先对重点场所、区域、各项作业过程进行风险识别，然后进行风险评估，最后进行风险控制。风险识别的主要方法有安全检查法、安全检查表法、事故树分析法、JSA分析法等。

加油（气）站应建立风险管控台账，台账要体现出风险的基本情况，存在哪些危害，控制措施以及相关责任人，并通过培训，采取相关措施定期对风险进行降级处理。现场要设立风险告知牌，告知牌的内容应包含风险点名称、风险等级、危险事件、责任人、危害因素、管控措施和应急处置措施等内容。

六、加油(气)站应急管理

加油(气)站应急管理的具体内容主要为应急预案的有效编制及修订、应急物资配备、预案的演练和改进措施、突发事件的处置、事故的上报和调查等。

(一)应急预案及相关内容

1. 加油(气)站应急预案的分类

目前,加油(气)站的预案可分为综合性预案和专项预案,站内预案和企业级预案,专家评定预案和企业内部评定预案等。

2. 加油(气)站应急预案的演练及修订

应急预案应开展全员参与的日常演练,每次演练过后要进行总结和评价,提出是否需要改进等问题。每季度要进行一次防火、防盗抢和防溢油演练。全年应将所有预案进行一次演练,其中至少包含自然灾害、公共安全、公共卫生的内容。预案应做到一年一修订,三年一备案。

按照预案实施的具体流程,应有效配备应急救援物资,建立档案,定期进行维护和检查,确保完好有效。

3. 突发事件的处置及事故等级

(1)事故等级

凡是在站内或是作业环节发生的人身伤亡、财产损失和物资破坏都属于事故,按照类型不同可分为火灾事故、爆炸事故、设备事故、人身伤亡事故等,按照性质不同可分为责任事故和非责任事故。

事故等级分为六个等级,分别为特大事故、重大事故、一级事故、二级事故、三级事故和四级事故。

(2)应急处置

①确定突发事件具体情况,立即启动相关应急预案。

②按照预案流程使用救援物资开展应急处置。

③事故存在不可控风险时应立即报警,第一时间上报企业上级管理

部门。

④有效控制舆情工作。

⑤坚持以人为本的原则，保护生命和财产安全。

⑥做好事故过后的现场恢复工作。

第四节　加油（气）站质量和计量管理

质量和计量管理是加油（气）站管理中的一个重要环节，不仅关系用户的人身安全和财产安全，还关系到社会稳定、企业的品牌和信誉度，因此做好质量和计量管理是做好加油（气）站运营的基础工作之一。

一、质量管理

（一）成品油质量管理

成品油质量管理应严格遵守《中华人民共和国产品质量法》、全国人民代表大会常务委员会关于修改《中华人民共和国消费者权益保护法的决定》的相关要求，油品质量必须符合相应的国家标准。当前须执行的国家标准主要有《车用汽油》（GB 17930—2016）、《车用乙醇汽油（E10）》（GB 18351—2017）、《车用柴油》（GB 19147—2016）。

1. 严格管理油品进货流程

加油站的油品进货应由成品油企业统一采购、统一配送，油库入库和出库之前要进行化验，以确保源头油品质量。在运输环节，运送汽油和柴油的车辆要加以区分，专车专用。进货环节还要做到以下几个方面：

（1）站内严禁私自进货，严禁开展代存代付等业务。

（2）检查运送车辆铅封是否完好有效，如果不完好就存在质量风险，站内要拒卸油品，上报主管部门核实情况后再做相应处理。

（3）认真核对进油单据，查看来油地点、时间、品号、数量、车号等信息，准确无误后才可进行油品接卸，确保不发生混油、错收等事故。

（4）卸油时执行双确认原则，即站内接卸人员确认卸入油罐的品号与所来油品是否一致,若一致则连接卸油管与地下油罐一侧;承运方负责确认车辆卸油出口与所要卸入油罐品号是否一致,若一致则连接卸油管与车辆一侧。

(5)在阀门放油处观察油样,并进行水高的测量(请以地方具体要求为准)。

(6)站内与承运方共同在现场进行接卸作业,防止发生跑冒滴漏事故。

2. 严格管理油品储存环节

(1)站内不同品号的油品应分罐进行储存。当储油罐品类发生变更时,须进行清罐作业,新油品在付油之前应进行化验,合格之后方可对外销售。

(2)储油罐应3—5年进行一次清罐作业。

(3)开展日常储存过程中的水高测量工作,雨雪天气需要增加测量次数。如果水高超过50 ㎜,应停止发油作业,查清原因,进行后续处理。

(4)对于超过销售周期的油品,应重新进行化验,合格后才可继续销售。

3. 加强油品感观鉴别技能

感观鉴别是对油品的初步判断,是有效防止错卸、混油事故发生的一个有效手段,这也是站内油品质量管理人员需要具备的能力。

(1)看(观察油品的外观)

不同的油品具备不同的颜色,可从深浅色进行初步判断。汽油的颜色一般为淡黄色、橙黄色或水白色;柴油一般为茶黄色或是棕褐色,表面发蓝色或是淡绿色。将油样放置于无色透明的玻璃瓶内进行观察,观察时不宜迎着太阳光。

(2)摇(观察油品的稀稠)

将油样放置于无色透明的玻璃瓶中进行晃动,观察气泡产生的多少、气泡消失的速度、油液挂瓶的情况,通过这些判断油品的稀稠。汽油摇晃时气泡产生后立即消失,柴油产生气泡小,速度消失快。

(3)摸(观察油品的特性)

用手触摸油品,感觉其光滑、发涩、凉热的特性。汽油体现的是发涩、发凉、挥发快的特性,柴油是光滑、有油质感的特性。

(4)闻(观察油品的气味)

通过气味判断不同油品,汽油比柴油味道更刺鼻。

(二)天然气质量管理

天然气质量管理应严格遵守《中华人民共和国产品质量法》、全国人民代表大会常务委员会关于修改《中华人民共和国消费者权益保护法的决定》的相关要求,天然气质量必须符合相应的国家标准。当前须执行的国家标准主要有《天然气》(GB 17820—2018)、《车用压缩天然气》(GB 18047—2017)。

1. 天然气质量指标的试验方法

天然气质量指标试验是指天然气的组成、总硫含量测定、硫化氢含量测定、二氧化碳含量测定和发热量计算等。

(1)天然气的组成

天然气的主要成分为甲烷,此外还含有乙烷、丙烷、丁烷等烃类气体,氮、二氧化碳等非烃类气体,以及含硫化合物、水等杂质。

(2)总硫含量测定

天然气中的硫分主要包含有机硫化物和硫化氢两类,这两者含量之和即总硫含量。按照硫含量的不同有多种测定方法,我们采用的国家标准是《天然气中总硫的测定 氧化微库仑法》(GB/T 11061—1997)。

(3)硫化氢含量测定

常用的方法有三种,分别为碘量法、亚甲蓝法和醋酸铅反应速率法。

(4)二氧化碳含量测定

按照国家标准《天然气的组成分析 气相色谱法》(GB/T 13610—2020)执行。

(5)发热量计算

按照国家标准《天然气 发热量、密度、相对密度和沃泊指数的计算方法》(GB/T 11062—2020)执行。

2. 天然气脱硫

可分为湿法脱硫和干法脱硫。湿法脱硫可分为化学吸收法、物理吸收法和物理化学吸收法；干法脱硫可分为加氢转化催化剂、吸收型或转化吸收型、吸收型。

3. 天然气脱水

天然气被压缩或是冷却时，水汽会从天然气中析出形成液态水，液态水的存在会加快二氧化碳、二氧化硫等酸性气体对设备的腐蚀，还可能堵塞管道和阀门，影响设备的正常运行，从而发生事故。天然气脱水主要分为溶剂吸收法、固体吸附法和低温分离法。

二、计量管理

计量学是现代科学的重要组成部分，它具有准确性、一致性、溯源性和法制性的基本特点。在油品销售企业运营管理中，计量管理是重要的一个环节。计量管理水平的高低直接影响着企业的品牌、形象和声誉，客观、公平、公正和准确计量是保障油品销售企业平稳高效运营的有效手段。

（一）成品油计量管理

1. 计量设备和器具

（1）液位仪系统

为了实现整体自动计量的目标，站内应安装可与企业整体配套的液位仪设备。加油站普遍采用的是磁致伸缩式液位仪，它主要由控制台和探棒组成。其中探棒由杆体、电子仓、油浮子和水浮子组成。控制台应具备高低液位报警、水高超标报警、温度变化曲线查询、高度变化曲线查询、数据远程查看和传输等功能。

（2）量油尺

普遍适用于各种储油容器的测量，按照长度不同分为5 m、15 m等规格，加油站普遍采用5 m量油尺。按照测量方法不同还可分为测深量油尺和测空量油尺。量油尺有手柄、尺架、尺带、闭合钩、铜制尺铊等组成，尺带应平整，刻度清晰，尺带与尺铊连接处完好。需要说明的是，用于贸易交接的量油尺必须强检，检定证书中每一米给定一个修正值，采取就近原则修正，测量值 + 修正值 = 最终测量结果。

(3)石油温度计

温度计是利用物质的某些物理性质,随着温度变化而变化的特性制成的。按照其温度随物质的物理性质而变化的特性可分为膨胀式、电阻式、压力表式、热带偶式和辐射式温度计。水银温度计就是一种常见的膨胀式温度计,分为局浸式和全浸式两种。加油站普遍使用的是全浸式水银温度计,规格为-30—50 ℃,检定期限一般不超过一年。

(4)石油密度计

根据阿基米德原理用于测量油品密度的设备就是石油密度计,它由管体、分度表、躯体和压载室组成。石油密度计按照形式不同可分为SY-Ⅰ型、SY-Ⅱ型、仿苏型和附温型,加油站常用的为SY-Ⅰ型,全套共有九支,测量范围0.6500 g/cm^3—1.0100 g/cm^3。在室温条件下用石油密度计测得的密度为视密度,通过视密度和视温度查《石油计量表》(GB/T 1885—1998),可得到油品的标准密度。需要说明的是,用于贸易交接的密度计必须强检,检定证书中给定的修正值,采用比例内插法计算。

(5)取样器

用于成品油取样的专用器具,可分为普通型取样器和底部取样器两种,规格一般为300—1000 ml。取样器应采用铜、铝等撞击不产生火花的材质制成,并配备防静电绳或是不摩擦不产生火花的其他材质绳索。

(6)卧式储油罐容积表

按照出厂前的设计标准编制的,或是在卧式储油罐已经投产使用后通过不同检定方法取得的,用于计算卧式储油罐中油品数量的标准表格,广泛用于加油站日常计量工作中的油品数量计算。一般每四年需重新进行一次标定。卧式储油罐容积表的编表高度间隔为cm,mm高度对应容积用比例内插法近似计算。

2. 油品数量的计算

主要分为重量计算法和体积计算法两种,加油站采用较多的是体积计算法,采用升进升出的计量方式进行管理,按照流程要分别对进货油品、库存油品和销售的油品进行计算。可采用手工计量的方式,通过计量器具、检定证书和容积表等计算获得;也可通过软件和自动计量系统直接获得。

3. **油品损耗管理**

造成成品油损耗的主要原因有蒸发损耗、零星洒漏损耗和容器设备的黏附浸润损耗。根据环节不同可分为保管损耗、运输损耗和零售损耗，按照法定损耗率，可分环节进行定额考核。

降低损耗是计量管理的重要内容，既是安全环保的保障，又是经济效益的体现。可以采取合理安排收油时间、减少不必要手工计量操作和避免无谓的跑冒滴漏等方式，进行有效控制。

(二)天然气计量管理

在保证溯源性和可靠性的前提下，可采用不同的物理原理确定天然气的体积和质量流量，并且满足气体流量测量和能量测量的基本要求，如准确度、安全及经济准则。

对于所有的流量计，都需要用工作条件下和标准参比条件下的密度，把流量计在工作条件下测得的体积流量转换成标准参比条件下的体积流量或质量或标准参比条件下的能量。工作条件下和标准参比条件下的密度可连续测量或通过气体组成计算。密度的计算要求连续测量温度和压力。

1. **流量计的类型**

CNG 加气站的流量计量一般分为两个部分。一是上游企业输送原料气进站的计量系统，用于和供应商贸易结算使用。二是 CNG 的流量计量系统，用于将天然气销售给购买方结算使用。常用的流量计有孔板流量计、涡轮流量计、质量流量计、超声波流量计和腰轮流量计等，以下简要介绍前三种流量计。

(1)孔板流量计

是将标准孔板与多参数差压变送器配套组成的高量程比差压流量装置，用与测量天然气流量。

(2)涡轮流量计

利用置于流体中叶轮的旋转角速度与流体流速成比例的关系，通过测量叶轮的转速来体现体积流量的大小，属于速度式流量计。

(3)质量流量计

运用流体质量流量对振动管振荡的调制作用,以质量流量测量为目的的质量流量计。

2. 加强天然气计量管理的举措

(1)加气机、流量计等计量设备必须按照要求,定期进行强检。

(2)CNG 加气母站与常规站每日应抄录涡轮流量计数量,核对当日天然气损失情况。

(3)CNG 加气母站与常规站应每月进行盘点,与上游供气商进行核对,验证进气流量计准确度。

(4)CNG 加气站损耗应控制在 3% 以内。按月盘存并核销,检维修排气和加气机排污放气应纳入到月度盘存损耗中报损。

(5)加强业务部门和监督部门的巡查力度,协助和带领站内开展计量工作。

第五节 加油(气)站市场营销管理

市场是某种产品或是劳务的现实购买者和潜在购买者需求的总和,也是指具有特定需要和欲望,并能使这种需要和欲望得到满足的消费者群体。市场营销是指个人和集体通过创造、提供出售、同别人交换产品和价值,以获得所需所欲之物、满足自己和他人的需要和欲望的一种社会活动和管理过程。市场营销中不可缺少的主要内容为需要和欲望、交换和创造、营销者和预期客户。加油(气)站市场营销的管理同样适用这样的管理方法。

一、加油(气)站市场营销管理的内容

市场营销观念经历了传统市场营销观念和现代市场营销观念两个阶段。传统市场营销观念以工厂为起点,以企业擅长的产品为中心,通过以产定销的产销管理,利用推销和促销的手段,最终通过销售获得利润;现代市场营销观念则是以市场为起点,以顾客的需求为中心,通过以销定产的产销管理,利用整体营销的手段,最终通过满足顾客需求获得利润。现代市场营

销观念是以顾客的需求和欲望为导向的经营哲学。

二、加油(气)站市场营销管理的任务

市场营销管理的任务就是需求管理,做好现有客户和潜在客户的需求管理就是加油(气)站营销管理的主要任务。按照自身特性和需求水平不同,需求状态可分为负需求、无需求、潜伏需求、下降需求、不规则需求、充分需求、过量需求和有害需求。充分需求是企业最理想的需求状态。

三、加油(气)站市场营销环境

营销行为会受到营销环境的限制和制约,无论是外部条件还是内在因素,都会对市场营销造成影响。

(一)营销宏观环境

1. 政治和法律环境

我国的成品油零售价格已经与国际油价接轨,国际上政治环境的变化、相关法律的修订、产油国及产量的变化都会对国内零售市场产生影响。

2. 人口和社会文化环境

人们在素养、消费观念和性格特点等方面存在着差异。因此,站内员工应注重当地人口的上述差异,采取相应的营销策略。

3. 经济和自然环境

经济环境和自然环境是影响营销活动的重要因素。人们在收入、消费潜力、储蓄和信贷等方面存在着差异。地处县城和乡镇的站点,与一、二线城市在营销开展上,会有所差别。政府对环境的干预程度、环境污染情况都直接影响营销的开展。

(二)营销微观环境

1. 企业的内部环境

企业内部相互配合才能更好实现营销。企业和站内的组织架构、专业

化人才所占比例的大小、执行力的强弱、协调配合能力的高低都会对加油(气)站营销工作造成影响。

2. 企业的外部环境

油气供应商的稳定性、油品价格变动情况、竞争对手的能力和素养,都对营销管理存在直接影响。顾客的需求,是营销活动的核心。

四、加油(气)站目标市场战略

进行市场细分是确定目标市场的前提,而消费需求的差异性是市场细分的基础。

(一)加油(气)站的市场细分

不是通过产品本身的分类进行细分,而是根据不同的顾客群体进行细分。按照地理位置不同可分为城区内市场、高速市场、省国道市场、农村市场和居民区域市场等。按照顾客类别不同可分为私家车市场、政府及企事业单位团体市场、农用机械市场和其他工商业市场等。

(二)加油(气)站的目标市场及策略

市场细分后,会形成一个或多个市场,从而为企业提供站点注入更多的可能性。城区内的站点应优先考虑私家车市场、政府及企事业单位团体市场,推广高标号汽油的工作也主要由这类站点承担。农村站点则以满足周边居民生产、生活的需求为主。

有些大型的汽油站点或柴油站点,往往忽略销量偏低的产品,更有一些大型的汽油站点直接取消了柴油的销售,这虽是目标市场选择的结果,但仍不可忽略市场的逐渐变化,要做到以动制动,适时改变。

目标市场策略可分为无差异性策略、差异性策略和集中性策略。无差异性策略是不需要市场细分的,差异性策略和集中性策略是建立在市场细分基础之上的。目前加油(气)站主要采用的是差异性策略。

五、加油(气)站市场营销组合策略及思考

应按照企业中、长期战略制定切实可行的营销活动。不单单要参照产品策略、定价策略、渠道策略、促销策略来制定方案,更要利用内外优势进行市场营销规划。

(一)以客户需求为中心,开展丰富多彩的营销活动

以客户需求为中心,是受市场营销主要内容和基本任务所决定的。随着社会的进步和发展,客户需求呈现出多样化,加油(气)站只提供能源供应,已经不能跟上客户日益增长的需求。目前,大部分成品油企业都开展了非油品业务,非油品是一个非常广泛的范畴,涵盖除油、气之外的所有业务内容,但只单纯地讲非油品业务,还是有些笼统,重点不够突出,应更为明确非油品的主要发展方向和长短期目标,这样才能健康、有效发展。可参照企业的长期战略,根据客户的需求将非油品定为农业型、工业型、服务型等。非油品业务的开展是油品销售企业全面满足客户需求的必经之路,也是当下各企业应实施的重要战略。

加油(气)站普遍采取价格直降、加油卡充值及消费返利、油(气)非互动、非非互动、小程序或 APP 等多种方式来开展营销。通过营销的开展,不断完善客户的管理工作,再通过完善的客户管理,精准画像,开展精准高效的营销工作。可以充分利用加油卡系统、各类公众号和网上商城小程序,登记和整理客户信息,分析需求,进行分类型管理。利用加油卡充值及消费返利、油(气)非互动、非非互动等组合方式,满足客户需求,提升客户体验质量,形成良性循环。

(二)开展跨界营销组合,促进共同发展

当下,跨界营销已然是营销界中最为火爆的一个名词,与来自不同行业的品牌方通过某种方式进行合作,最终往往获得 $1+1>2$ 的效果。跨界营销是以共赢为目的,通过资源和技术的合作,促进彼此的共同发展。在开展跨界营销时,各方都要通过自身优势实现共赢。例如,加油(气)站与银行开展

的各类互促的营销活动,或是银行定制的专属类银行卡,都是较为普遍开展的跨界营销手段。跨界营销不管形式如何,不管细节如何,始终还是要以客户需求为核心。

(三)开展空间和业务技能全面评估,进行营销拓展

加油(气)站一般占地面积较大,尤其地处城市中心的站点更是寸土寸金,商业价值较高。加油(气)站除了设置传统的能源加注设备实施之外,在满足安全、环保等相关要求的前提下,其他的空间均可深化利用。我们可以按照站内图纸和各项设备设施设立的具体位置,采用全方面、立体化评估模式,持续进行开发,开展营销拓展工作。将每个区域、每个平面、每个立面都进行营销设计,制订长短期结合的计划,分阶段逐步完成落实。诸如站内办公场所,设立便利店或是简餐店,在室内外的墙体设置广告等。还可在罩棚位置设立光伏发电设备,既可自用解决电能问题,又可与电力公司进行合作,达到互利共赢。

企业中具备业务能力的专业机构和员工队伍完全可以参与到营销拓展之中。我们通过提升业务技能和服务质量,给客户提供了更为广阔的选择和体验空间。如具备防雷防静电检测资质的油品销售企业,就可以为客户提供多方面的营销服务。企业对这类专业机构和业务人员分类别、分等级进行评估,与客户的需求相结合,开展有效的营销拓展。

六、品牌管理

某知名运动品牌生产的运动鞋,在鞋底、侧面、鞋舌等位置,品牌的LOGO、颜色或是文字就多达6处之多,这就是品牌管理的一个具体表现形式。加油(气)站除按照企业统一的形象标准施工建设之外,还要在其他管理过程中提升品牌管理的水准,培养品牌的知名度和认知度,最终提高品牌的忠诚度。从品牌营销的观点看,销售并不是最终目标,这只是企业与客户之间建立持久有益的品牌关系的开始,也是建立品牌忠诚度,把品牌购买者转化为品牌忠诚者的机会。

第六节 加油(气)站运营管理的举措

当前的中国已经进入了经济新常态。在这个社会大进步、国家大发展的时代,加油(气)站作为民生和商品经济领域中的重要组成部分,必须冲锋在前,迎难而上,助力总体发展目标的实现。

一、建立精细化、精准化客户管理体系

企业存在的根本就是可持续发展,可持续发展的核心就是有效经营,经营的终极目标就是以顾客的需求为中心,开展精细化、精准化的客户管理。企业虽然在战略上重视客户管理工作,但是在具体落实上却存在不足。

(一)从企业的结构上注重客户管理

在战略上,没有企业不重视客户管理的。但经过调查发现,有些企业在组织架构上没有足够重视这项工作。如此重要的工作内容,没有一个专门、专业的线条或部门负责,会导致这项工作和职责散布在多个线条,又没有进行有效整合,最终结果往往是人人都在管,却又人人都不管。长此以往必将对企业造成致命影响。

油品销售企业客户一般可分为零售和直批两种,零售用户注重消费体验和服务,直批用户则更注重商品价格和质量。只有精细管理,精准画像,了解每位客户的需求,才能从本质上做好客户管理。

(二)管理方法再上新台阶

客户管理首先体现在对客户进行识别,然后开展分类管理,按照销售量和忠诚度可将客户分为多种形式。如何通过企业管理,提高销售量大、忠诚度高的客户比例,是客户管理在控制环节中的核心目标,评价环节在其中起到承上启下的作用。

在对客户的识别和分类管理环节,要进行调查分析,其中包括客户基本信息、客户特征、业务状况和交易现状等。按照信息的不同将客户分成若干

群体,以便开展有针对性的营销和服务工作。站内在做经营分析的时候常会提到除固定客户之外的散户,实质就是客户管理工作不到位的一种体现。因为这些所谓散户是站内并未掌握的客户群体,是客户管理的盲区。这种客户所占比例越高,体现的管理缺失就越大,就越需要加强管理。客户的开发和维护,目的就是持续引进新客户和避免现有客户的流失。当我们明确了现有客户和周边潜在客户之后,就进入到客户管理的控制环节,需要通过不断地创新去实现管理目标。客户的开发、维护和管理应逐步由个人负责制向团队负责制转变。尤其是维护过程中关于客户流失的问题,更值得大家的注意。业务人员离职之后将客户带走是很常见的问题,这是客户管理缺乏全盘统筹的表现之一。可考虑将开发和维护进行分离,在配套有效薪酬的前提下,定期轮换,或是两名客户经理及以上同时负责,采取团队的形式进行跟踪服务。评价是上一个管理过程的结束,也是下一个管理过程的开始。通过这样的管理过程,使管理水平不断提高。

在当下的大数据时代,利用系统进行分析比对只是客户管理的开始。企业的自身能力强,可以说是一种硬实力,硬实力决定着销售量大、忠诚度高的客户比例。

(三)建立沟通服务更加顺畅的会员制管理模式

会员制是客户管理精细化、精准化的有效手段。加油(气)站通过前期的客户管理发展会员,根据分析会员历史消费行为数据,为会员建立用户画像,利用合理的会员积分和等级制度,定期开展会员日活动,为会员提供差异化服务关怀和精准营销,提高顾客忠诚度,增加长期利润。建立会员制模式后,可以利用会员储值、积分营销、电子优惠券、会员关怀、事件通知等形式,强化沟通,更好地开展精准营销和服务工作。

二、专业化综合性人才队伍建设

我们要深刻认识到,新时代下建设高素质专业化综合性人才队伍的紧迫性和重要性。过硬的人才队伍是企业稳固和发展的核心力量,一个企业能否可持续发展、不断创新发展,综合性人才队伍的素质和能力是起到决定性作用的。新时代下，万物互联、科学技术高速发展，我们只有紧随发展步伐才能不被时代淘汰。信息时代之下，人人都要具备信息思维、掌握信息手段，才能高效完成工作目标。加油（气）站的员工和管理者，既要具备信息化的业务能力，还要具备相关管理能力，其中包括具备一定的公共卫生事件管理经验。

创新管理，健全人才培养机制，激发人才本身的活力，让专业的人做专业的事。在内部营造与人才队伍培养相匹配的企业文化氛围，完善人才激励制度，重视政治素质的提升，才能真正培养出人才，用好人才，留住人才。

可以考虑引入培训积分制，按照参加培训情况和主讲情况制定不同的积分政策；可以考虑对管理人员进行等级评定，根据不同的等级给予不同的薪资补助和晋升机会。可以考虑让员工更多地参与到企业内部，加强与“明星企业”的交流，努力提高综合能力。

三、自动化设备和系统的持续推广

人虽是管理的核心，却也是最不稳定的因素。在强化人员队伍素质建设的基础上，持续推进设备和系统的自动化势在必行。加油（气）站的自动化推广可分为业务范畴和管理范畴，目前国内各家油品销售企业自动化建设程度不尽相同。

业务范畴中目前普遍可实现销售系统和计量系统的自动化，其中包括IC 卡系统、自动记账系统、液位仪系统等。虽然基本满足了业务数据传输的信息化，但是各系统之间还存在不能对接等问题，并未与客户管理和精准营销有效结合。通过数据的收集和传输，从而将所有系统整合在一个大平台之下，形成动态管理，才能更好地服务于客户，为企业创造更多价值。

管理范畴中以各类报警设备及日常管理系统为主，其中包括可燃气体探测器、周界报警、督查考核管理系统等。加油（气）站应设置报警自动处置的安全装置，并与政府安全信息管理平台连接，形成双重保护屏障，实现真正联动。日常管理和督查考核管理系统则要落实在日常作业的每个细节，这对管理能力的提升起到积极作用。

四、打造综合服务站

随着时代的进步发展，消费者的需求日益多样化、个性化，单一、单调的产品和服务已经难以满足消费者的需求。应以加油(气)站为核心，打造可以提供多功能的综合服务站。

最初的加油(气)站唯一的功能是为汽车提供动力燃料。当今的加油(气)站除具备基础功能之外，还具备一定服务功能，诸如便利店、汽车服务等。我们即将要打造的加油站是能源供应站，是一个载体。在这个载体之中更应重视体验，这个载体可以承载为了满足人们任意合理的需求和体验，并非是当下具有局限性的服务这个单一平台。当车辆来到站内，既可以满足车辆对能源的需求，又可以让顾客得到各种体验。对车辆提供的能源不仅仅是成品油、天然气、氢气、电能，顾客的体验也不单单是便利店购物、汽车服务，而是更具信息化的全面需求的满足。综合服务站的模式不局限于线下，还可与其他品牌商超、快递、保险、旅游、健康体检等行业进行线上线下的合作，打造一个智能的综合服务站，方便客户的同时，也给客户带来巨大的实惠。

五、提升企业员工的幸福感

幸福感的概念是多种多样的，每个人对此的理解都不尽相同。我们可以理解为，能够满足他人生存需求或是人生追求的，就等同于获得了幸福感，所以提升企业员工的幸福感首先要从需求入手。有些企业在大力追求利润和分析客户需求的同时，完全忽略了员工们的需求，这对企业的长久发展是极为不利的。企业不单单要从营造良好工作环境、和谐的工作氛围来提升员工幸福感，更要从晋升机制、完善的管理制度等方面开展。遵循公开、公平、公正的原则，坚持以人为本，想员工所想、忧员工所忧，员工的幸福感提升后将会给企业带来许多效益。

六、互利共赢的合作关系

当下对企业的创新发展提出了更高要求，不符合经济发展规律的企业终将被淘汰。共赢是新时代发展的主题,简单粗暴的发展模式已经过去。膨胀发展过后,必将进行行业的大洗牌,恶意竞争的结果只能是两败俱伤。时代在进步,社会在发展,思想认识在改变,人们的生存方式也在改变。当下是一个充满竞争的社会,同时也是一个优势互补才能求生存的社会。只有通过优势互补,才能实现最终的共赢,包括企业之间的共赢,以及企业和客户之间的双赢。

第四章　石油库运营管理

石油库是连接石油及其产品生产、加工、储存、运输和供应的纽带，是石油及其产品储存和输转的主要场所。它对加强国家建设、促进社会经济快速发展具有重要的意义。石油库是“收发、储存原油、成品油及其他易燃和可燃液体化学品的独立设施”[①]。特级石油库的总容量大于或等于 $1.2\times10^{6}\ m^{3}$，既能储存原油，也能储存非原油类易燃和可燃液体。企业附属石油库是“设置在非石油化工企业界区内并为本企业生产或运行服务的石油库”[②]。石油库安全防控的第一步就是设计，要严格按照国家标准设计建设。储油罐区是石油库的核心，它主要包括储油罐、防火堤及消防设施等。一般石油库按照国家计量标准通过铁路运输、公路运输、水路运输及装卸油栈桥交接、储存和输送石油及其他产品。

第一节　石油库规划选址和基本规定与要求

“石油库的库址选择应根据建设规模、地域环境、油库各区的功能及作业性质、重要程度，以及可能与邻近建(构)筑物、设施之间的相互影响等，综合考虑库址的具体位置，并应符合城镇规划、环境保护、防火安全和职业卫生的要求，且交通运输应方便。”[③]

---

① 中国石油化工集团公司. 石油库设计规范：GB 50074—2014[S]. 北京：中国计划出版社，2015：2.

② 中国石油化工集团公司. 石油库设计规范：GB 50074—2014[S]. 北京：中国计划出版社，2015：2.

③ 中国石油化工集团公司. 石油库设计规范：GB 50074—2014[S]. 北京：中国计划出版社，2015：9.

一、石油库规划选址

(一)石油库规划选址的要求

石油库规划要按照政府总体规划进行,企业附属石油库的位置要按照企业自身建筑及周边情况确定,应与周边企业保持安全距离并符合环境保护的要求。要严格勘察地质情况,库址应具备建造石油库的地质条件,不得选择在有可能发生地质灾害的区域。储量较大的石油库的选址要求更为严格,不能选在抗震设防烈度为9度及以上的区域,其中一级石油库不能建筑在抗震设防烈度为8度的Ⅳ类区域。石油库立式油罐区不宜建造在山区,如果必须建造,则需严格勘测地质及周边环境情况,地质及环境勘测合格后再开展建造。石油库不应选在有可能发生洪水、潮水或内涝的地带,如果必须在此区域选址建造,则应完善防洪、排涝等设备设施及技术措施。

由于有的石油库位于或接近城市、乡村,所以石油库选址建设应符合当地城乡的整体规划,包括地区交通货物运载规划及公共设施的规划等。因石油库储存的易燃和可燃液体易挥发,所以在运输、储存、输转作业中会对大气环境产生污染,另外在作业过程中可能产生渗漏等,极易排放含油的污水并污染地下水源。所以石油库库址应符合环境保护的要求,严格按照环境保护要求增加相关设施并提高技术措施。

企业附属石油库,应按照企业长期规划及主体工程统一设计布置,并符合国家、地方的规划及环境保护与防火距离的要求。过去有些企业未经城市规划部门批准且未经安全评估,擅自在企业内部增加库容或新建油罐,不符合安全防火规定及间距要求,因而发生重特大火灾,不但经济损失严重,而且危及周边企业和人民的生命财产安全。

石油库与架空通信线路、架空电力线路的安全距离也有明确要求,距离要大于杆(塔)高度的1.5倍。石油库与架空通信线路、架空电力线路的安全距离要求,是根据倒杆事故科学实验得出的。根据多次倒杆事故统计分析以及倒杆后正常距离、偏移距离等多次实验测算,在设计和建设石油库时要严格执行距离大于1.5倍杆(塔)高的要求。

其他石油库周边环境及设备设施距离按照以下标准设计施工。石油库与库外居住区、公共建筑物、工矿企业、交通线的安全距离，不得小于现行国家标准《石油库设计规范》(GB 50074—2014)中的规定；石油库与石油化工企业之间的距离，应符合现行国家标准《石油化工企业设计防火标准(2018年版)》(GB 50160—2008)的有关规定；石油库与石油储备库之间的距离，应符合现行国家标准《石油储备库设计规范》(GB 50737—2011)的有关规定。

(二)相邻两座石油库之间的安全距离要求

按照标准要求，当两座石油库的相邻储罐中较大罐直径大于53 m时，两座石油库的相邻储罐之间的安全距离不应小于较大罐的直径，并且不应小于80 m。两座石油库的相邻储罐直径小于或等于53 m时，两座石油库的任意两个储罐之间的安全距离不应小于较大罐直径的1.5倍，覆土罐不应小于60 m，储存Ⅰ、Ⅱ级毒性液体的储罐不应小于50 m，储存其他易燃和可燃液体的储罐不应小于30 m。

以上未提到的石油库与企业建(构)筑物等的安全距离，不得小于现行国家标准《石油库设计规范》(GB 50074—2014)的规定。其中《石油库设计规范》(GB 50074—2014)未注明的企业建(构)筑物与库内建(构)筑物的安全距离，应严格按照现行国家标准《建筑设计防火规范(2018年版)》(GB 50016—2014)规定的防火距离执行。

二、石油库的基本规定与要求

(一)石油库的等级划分

按照石油库储罐计算总容量(TV,单位m^3)可分为特级($1200000 \leqslant TV \leqslant 3600000$)、一级($100000 \leqslant TV < 1200000$)、二级($30000 \leqslant TV < 100000$)、三级($10000 \leqslant TV < 30000$)、四级($1000 \leqslant TV < 10000$)、五级($TV < 1000$)共六个级别。[①] 以下是不同液体$TV$的计算方式，$TV$不计算放空罐、中继罐和零位罐

① 中国石油化工集团公司. 石油库设计规范:GB 50074—2014[S]. 北京:中国计划出版社,2015:6.

的容量。“甲 A 类液体储罐容量、Ⅰ级和Ⅱ级毒性液体储罐容量应乘以系数 2 计入储罐计算总容量，丙 A 类液体储罐容量可乘以系数 0.5 计入储罐计算总容量，丙 B 类液体储罐容量可乘以系数 0.25 计入储罐计算总容量。”①

（二）石油库储存液化烃、易燃和可燃液体的火灾危险性分类

按照特征或液体闪点（F_t，单位℃）可分为甲 A（15 ℃时的蒸气压力大于 0.1 MPa 的烃类液体及其他类似的液体）、甲 B（甲 A 类以外，$F_t<28$）、乙 A（$28\leqslant F_t<45$）、乙 B（$45\leqslant F_t<60$）、丙 A（$60\leqslant F_t\leqslant 120$）、丙 B（$F_t>120$）共六类。②

石油库储存易燃和可燃液体的火灾危险性分类，应符合下列规定：甲 B 类液体还包括操作温度超过其闪点的乙类液体；乙 A 类液体还包括操作温度超过其闪点的丙 A 类液体；乙 A 类液体还包括操作温度超过其沸点的丙 B 类液体；乙 B 类液体还包括操作温度超过其闪点的丙 B 类液体；丙 A 类液体还包括闪点低于 60 ℃但不低于 55 ℃的轻柴油，其储运设施的操作温度低于或等于 40 ℃。③

（三）石油库生产使用的建（构）筑物的耐火等级

石油库生产使用的建（构）筑物构件的燃烧性能和耐火极限应按照现行国家标准《建筑设计防火规范（2018 年版）》（GB 50016—2014）的有关规定执行；石油库三级耐火等级建（构）筑物不能使用可燃材料建设；敞棚顶承重构件及顶面的耐火极限可不受限制，但不能使用可燃材料。

石油库内液化烃等甲 A 类易燃液体设施的防火设计，应按现行国家标准《石油化工企业设计防火标准（2018 年版）》（GB 50160—2008）的有关规定执行。石油库建（构）筑物、设备、设施计算间距的起讫点，应符合现行国

① 中国石油化工集团公司. 石油库设计规范：GB 50074—2014［S］. 北京：中国计划出版社，2015：6.

② 中国石油化工集团公司. 石油库设计规范：GB 50074—2014［S］. 北京：中国计划出版社，2015：7.

③ 中国石油化工集团公司. 石油库设计规范：GB 50074—2014［S］. 北京：中国计划出版社，2015：7.

家标准《石油库设计规范》(GB 50074—2014)附录A的规定。石油库易燃液体设备、设施的爆炸危险区域划分,应符合现行国家标准《石油库设计规范》(GB 50074—2014)附录B的规定。

第二节　石油库主要功能区布置及设备设施

石油库内生产和生活区的建(构)筑物面积均较小,在安全生产的条件下,将石油库生活区和行政区使用性质相近的建(构)筑物合并建造,既可满足管理和生活使用要求,又节约占地面积和投资。因此,在建设设计初期要统筹规划,合理利用现有土地资源。

石油库内各类建(构)筑物、设备设施之间防火距离的规定,主要为发生火灾时展开救援和减少财产损失考虑,所以要满足建(构)筑物及设备设施的防火间距要求。石油库内的储罐和铁路、公路、水运装卸设施等经常散发油气和有毒有害气体,在设计时要考虑生活区与生产区的距离,在现有条件下可以适当增加距离。在经常散发油气及有毒有害气体的作业场所要严格按照生产规程操作,熟知火灾危险程度和应急处置知识。按照库区的布置将散发油气、易出现危险的区域进行有效隔离,控制无关人员进出,强化重点区域安全管理,并经常开展消防知识培训及消防演练。

一、石油库主要功能区布置

(一)石油库主要功能区划分

石油库的总体布局包含行政管理区、辅助作业区、储罐区、装卸区四个区域。

(1)行政管理区包含办公室、营业室、中控室、员工宿舍、车库、警卫及消防人员宿舍、门卫室、食堂等。

(2)辅助作业区包含计量室、洗桶间、消防泵房、化验室、消防车库、变配电间、柴油发电机间、机器维修间、应急仓库、污水处理设备设施、空气压缩机间等。在行政管理区和辅助作业区内,符合生产使用和安全防火要求标准的、使用性质相似的建(构)筑物,可合并建设使用。

(3)储罐区包含储罐组、操作间、现场机柜间、易燃和可燃液体泵站、管线阀门组等。储罐应集中布置。当储罐区地势高于周边的企业、居民居住地点或铁路线时,应防止事故时储罐内易燃和可燃液体外溢。强化易燃和可燃液体外溢应急预案演练工作。

(4)装卸区可分为铁路装卸操作区、水运装卸操作区和公路装卸操作区。铁路装卸操作区包含铁路罐车装卸栈桥、鹤管阀门、装卸泵房(站)、桶装库房、零位真空罐、变配电间、油气回收处理装置等;水运装卸操作区包含装卸码头、趸船、装卸泵房(站)、灌桶车间、桶装库房、变配电间、油气回收处理装置等;公路装卸操作区包含灌桶间、装卸泵房(站)、变配电间、汽车罐车装卸设施、桶装库房、中控室、油气回收处理装置等。

(二)储罐与其他建(构)筑物及设备设施之间的防火间距

(1)控制易燃和可燃液体储罐与各建(构)筑物、设备设施之间的防火距离。第一应计算储罐扩散的可燃气体不能被点火源引燃的距离,第二应考虑储罐发生火灾后不影响其他建(构)筑物和设备设施。

(2)储罐与易燃和可燃液体泵房之间的防火距离。首先要考虑储罐发生火灾时对易燃和可燃液体泵房的影响,防止火势蔓延损坏泵房内设备、影响生产、扩大火势范围。泵房内为爆炸危险区,管理比较严格,不易产生明火,所以泵房对储罐不易造成较大危险。

(3)储罐与灌桶间、公路罐车装卸设施、铁路罐车装卸设施的防火距离。三个位置任何地点发生火灾,均比较容易得到控制,对储罐区的储罐都不会产生太大影响,但应考虑储罐着火后对三个位置的灾害影响,所以储罐与这三个地点之间的距离要适当增加。

(4)储罐与水运装卸码头之间的防火距离。储罐或油船发生火灾或爆炸对这个位置的影响比较大。油船发生火灾后往往很难扑灭,如产生泄漏还会出现大面积水域污染,发生环境事故,所以如果发生火灾,影响范围较大。

(5)储罐与消防泵房、消防车库之间的防火距离。消防泵房和消防车库是石油库中的重要消防地点,如果储罐发生火灾,消防泵和消防车应马上开展救援灭火工作，所以日常要加强消防设备设施的保养和维护，灭火演练也至关重要。

(6)储罐与有明火或散发火花的地点之间的防火距离。首先要考虑到油气蔓延到有明火或散发火花的地点引起爆炸或燃烧，更要考虑到明火设施产生的飞火飞落到储罐附近。所以要减少储罐油气挥发，还要控制有明火或散发火花地点的灭火措施，阻止火花蔓延。

二、石油库主要设备

(一)油罐及油罐附件

油罐分为地上油罐、覆土立式油罐、覆土卧式油罐。按储罐材质划分为金属油罐和非金属油罐两种。按结构及使用功能可分为拱顶油罐、浮顶油罐。浮顶油罐分为外浮顶油罐和内浮顶油罐两种。

1. 拱顶油罐

拱顶油罐由带弧形、抛物线形或锥形的罐顶，圆筒形罐壁以及罐底三部分组成。立式拱顶油罐主要由壁板、包边角钢、加强筋、中心顶板、扇形顶板、边板、底板等七部分组成。

2. 浮顶油罐

这里我们只介绍最为常见的内浮顶油罐。内浮顶油罐是将浮盘装在拱顶油罐内部液面之上的储油罐。内浮顶油罐储存轻质油品比拱顶油罐可降低至少 90% 的油品呼吸损耗。内浮顶油罐的浮盘上方有固定顶遮挡，所以浮盘上不会有大量尘土和风沙，而且雨水也不会掉落到浮盘上面，浮盘相对密封。内浮顶油罐兼有拱顶油罐和浮顶油罐的优点，普遍用来储存溶剂汽油、汽油、航空汽油和煤油。为减少油品的蒸发损耗，部分油库也将内浮顶油罐用于储存柴油。

内浮顶油罐的浮顶可以导走积聚的静电，在浮顶与固定顶之间连接有静电导出线对称装置，为防止挥发的油气在罐顶与浮顶之间积聚，设计施工时要在拱顶上方安装阻火通气孔。对称装置便于空气流通，使浮顶上部空间能与罐外形成空气对流，快速排出罐内积聚的油气，从而达到使油罐安全的目的。

3. 油罐附件

拱顶油罐附件和浮顶油罐附件主要包含软密封、罐壁、高低液位报警切断装置、泡沫消防装置、罐顶人孔、罐壁通气孔、固定罐顶、罐壁人孔、带芯人孔、液位计、静电导出线、量油管、内浮盘、浮盘人孔、罐顶通气孔、浮盘立柱、排污口和环形喷淋管道等。

(二)卸油设备

卸油泵房的主要设备有卸油泵、工艺管线、仪表自控系统、连锁报警装置等,这里我们着重介绍卸油泵和仪表自控系统。

1. 卸油泵

常用卸油泵为离心泵、潜油泵和容积泵。按叶轮的数量分,离心泵分成单级离心泵和多级离心泵。潜油泵常配合离心泵作为火车接卸的常用泵。按结构的不同,容积泵主要有水环式真空泵、齿轮泵、往复泵、螺杆泵,近年又发展出活塞转子泵。

离心泵用于输送轻油。“水环式真空泵用于为离心泵及其吸入系统抽真空引油和抽吸油罐车底油。”①齿轮泵用于输送黏油。往复泵用于输送柴油、专用燃料油和黏油,也可以抽吸油罐车底部余油或为离心泵的吸入系统抽真空引油使用。螺杆泵用于输送柴油、润滑油和专用燃料油。近年来活塞转子泵被广泛应用,活塞转子泵兼有离心泵与容积泵的优势,减少了辅助设备的投入,降低了工艺流程的难度,节约了设备设施的投入成本。

2. 仪表自控系统

随着科技的进步发展,工艺流程设计越加合理,功能越加齐全,工艺管线也越加先进。仪表自控系统主要有变频启动设备、远传显示设备、可燃报警系统、急停控制系统,这些设备的应用大大提高了系统整体运行的安全性、可靠性,降低了安全事故发生的风险,为安全生产提供强大的技术支持。

---

① 耿孝恒. 基于环保的油气储运技术管理研究[M]. 北京:煤炭工业出版社,2017:158.

(三)付油区设备

公路付油现在以密闭式下装自动定量控制系统为主流。该系统由阀门、过滤器、油泵、单向阀(梭式泄压阀)、电液阀、流量计、下装鹤管、溢油防静电装置等组成。该系统与 PLC 连接,可实现定量精准自动付油的功能。开票时把付油信息写入 IC 卡内,客户仅需刷卡操作,就可以实现定量装油,显示器可精确显示装油品种、数量、流速等信息。自动定量控制系统还可以实现号牌识别、自动排号、挡车限位等附加功能,实现自动化、智能化付油。该系统在油库中也得到了广泛使用。

1. 阀门

以双闸板楔形手动闸阀为主,该阀结构简单,造价低廉,便于维护。

2. 过滤器

过滤器为前置篮式过滤器和泵后消气过滤器,二者配套使用。篮式过滤器能有效过滤出机械杂质和部分水杂,剩余水杂和气体经过消气过滤器进一步过滤排出。

3. 油泵

多为管道式离心泵,该泵运行平稳,故障率低,适用于轻质油品的输送。

4. 单向阀(梭式泄压阀)

该阀门在管路正常运行中起到逆止和保护泄压作用,控制油品流向,避免回流。如管路中超压,又可以起到泄压保护管路的作用。

5. 电液阀

自动定量控制系统中重要的控制设备,它在定量程序的控制下,自动调节阀门开启度,自动控制介质流速,在收到信号后可自动关闭阀门,保证数量精准。

6. 流量计

自动定量控制系统的计量设备,主要分为质量流量计和体积流量计两类。质量流量计无须进行油品参数信息的计算,可以直接显示介质质量,是现在较为先进的流量计。体积流量计应用广泛,结构原理相对简单。双螺旋转子流量计为体积流量计中精度较高、运行稳定的代表。

7. 下装鹤管

由管路、旋转接头、干式 API 阀组成。鹤管干式 API 阀与罐车自带下装阀连接配合使用。干式 API 阀是鹤管重要的设备部件，它具有连接速度快、密封严密、角度可调节等方便操作的功能。随着环保要求越来越严格，密闭式下装已经逐渐取代敞口上装方式，有些地方已经强制要求采取密闭式下装方式。

8. 溢油防静电装置

将该装置连接到槽罐车上，可以检测到静电接地是否导通有效，油位是否达到报警高位值，可以时刻检测静电和防溢油情况，保证装车静电时时导出，保证装车液位在安全容积内。一旦静电导出故障或液位超过安全高度值，系统会自动停泵，防止静电积聚和冒油事故发生。溢油防静电装置是保证付油环节安全的重要设备。

三、石油库消防设备管理

石油库是一个高危存储地点，具有易燃易爆、有毒有害的特点。为确保安全生产经营，按照国家及行业标准制定消防设备维护、保养、操作的规程尤为重要。严格执行操作规程和维保流程，应急时正常启动，消灭安全事故。下面我们将从消防泵、消防泵房和消防设备操作异常处置及注意事项等方面，来了解石油库的消防设备管理。

（一）消防电动清水泵作业流程

1. 准备阶段

操作人员穿戴好工作服和帽子，并准备好相关作业台账。检查电机转动是否正常，电气仪表是否指示正常，水池及进水管线水位是否符合要求。检查完成后，打开进口阀门，开启排气阀，排空进口管道和泵室内的空气，再关闭排气阀。第一次灌泵完成后，进口阀门要处于常开状态。

2. 实施阶段

电动机启动有两种方式，一种为自动启动，另一种为手动启动。在运转中要注意检查电机、泵壳是否过热，压力转速是否正常、有无杂音，发现异常要及时处理。

(1)自动启动

将低压启动箱面板上的红色旋转开关旋转到自动挡位置。检查电压、电流是否正常，七秒钟左右，电动泵发出“滴”声启动警报，电动泵自动启动。启动后电流不应超过 198.7 A。当转速到达额定数值时，压力表指针稳定后，缓慢打开出口阀门。如压力表压力不稳或超过安全压力，应立即停止操作，查明原因，排除故障后再启动。

(2)手动启动

将红色旋转开关旋转到手动挡位置，然后按下上方的绿色运转按钮，运转按钮指示灯亮，检查电压、电流是否正常，后面的步骤与自动启动方式的步骤相同。

3. 结束阶段

停泵时，应先缓慢关闭管线出口阀门，然后停泵，以防止水击损坏管线及设备。操作完毕之后，关闭电源，填写相关作业记录。

(二)消防引擎泵作业流程

1. 准备阶段

操作人员穿戴好工作服和帽子，准备好相关作业台账。检查油箱、机油、冷却液、水池及进水管线水位液面是否满足要求，阀门启闭是否符合要求。合上蓄电池电源，打开开关，检查电瓶是否有电，仪表指示是否正常。

2. 实施阶段

旋开燃料泵，以手动方式压油 2—3 次，再拧紧燃料泵。按下启动按钮，启动引擎。缓缓加油，使引擎转速达到额定值，待压力表指针稳定后，慢慢打开管线出口阀。如压力表指针超过安全压力或压力突然下降，应立即排除故障，之后再启动。若需输送泡沫液，待消防泵运转正常后，迅速打开泡沫液罐相关阀门，按照泡沫比例混合后，将泡沫混合液输送到着火地点。在作业过程中要注意检查水温、油温是否正常，压力是否正常，有无机械杂音，发现问题要及时处理。

3. **结束阶段**

停泵时,应先降低引擎转速,然后停泵,停泵后关闭管线出口阀门。操作完毕之后,切断电源,填写作业记录。

(三)PHYM80/50 压力式比例混合装置作业流程

1. **启动消防泡沫泵**

管道有压力水后,操作人员应先打开比例混合器进口阀门及压力式比例混合装置进水阀门,同时打开水腔、泡沫腔的排气阀,向储罐中加压力水,待排气阀出水或泡沫并成柱状时关闭排气阀。罐体压力上升 0.3 MPa 以上时再次开启泡沫罐排气阀,泡沫并成柱状时关闭排气阀。重复多次进行排气,确认罐体内无空气,排气结束。

2. **消防泡沫泵运行**

关闭消防泡沫泵,泵体压力保持在 0.1 MPa—0.2 MPa 时该装置处于备战状态。使用时,开启消防泡沫泵的出水阀门、进水阀门,该装置的压力快速上升,之后开启泡沫液出口阀门。当压力上升到其工作压力时,泡沫混合液会自动调节 3% 的比例,并且开始向系统输出泡沫混合液。

3. **消防泡沫泵停泵**

当停止供液时,应关闭出液口阀门(以免压力水倒灌进入泡沫液胶囊中),然后关闭其他阀门,同时停止泡沫泵。

(四)消防泵房维保工作内容

1. **消防泵房中消防泵维保内容**

检查消防水池进入消防泵、喷淋泵的阀门是否常开。

(1)启泵程序

打开泵的进出口阀门,按泵的启动按钮启泵,检查泵的进出口压力、电机及泵体温度是否正常,有无杂音,做好记录。

(2)停泵程序

按停泵按钮停泵,关闭进出口阀门,做好记录。

（3）消防泵控制柜操作

控制柜手柄处于自动位置，按动消火栓报警按钮，联动柜发出声光报警，同时消防泵自动启动。控制柜手柄处于手动位置，按启动按钮即可手动启动消防泵。

试验时，关闭系统阀门，开启泄水阀门，试验完毕后，复位，让手柄处于自动位置。

2. 消防泵房维护保养基本要求

每天对消防水源、水泵、阀门、报警阀组等进行外观巡视检查，应保证系统处于无故障状态，并详细记录。每月检查一次消防水池、气压给水设备，保证消防用水量的水位、水质及气压给水设备的压力处于正常状态。寒冷季节，采取良好的保温措施，保证储水设备的任何部分没有结冰。

消防水泵每月应启动运转一次，并保证其处于无故障状态。系统中所有的控制阀门应处于开启或规定的状态。在系统进行检修时，应认真做好记录，每月对系统中的阀门检查，并做开启、关闭试验。消防泵房维修人员应按要求对设备进行维修保养，并将维修保养情况进行记录。消防设备维修后必须恢复原来的状态，不得随意更改原器材、线路。

（五）消防设备操作异常情况处置及注意事项

1. 异常情况应急处置

消防泵出口无压力、不出水时应关闭电源，检查管路。柴油机无法正常启动，应检查柴油机的进油、回油管是否漏气以及蓄电池的电量情况。泵体漏水，需紧固或更换盘根和机械密封。流量低于设计要求或出口压力太低，应清洗管路，更换磨损或损坏的零件，将消防泵调整至额定转速。泵不正常振动，需关小出水阀，降低流量，校正同心度，紧固地脚螺栓。轴承过热，需检查并清洗轴承体，加润滑油，校正同心度，使柴油机与消防泵在同一平面上。泵不出水，压力表显示有压力值，需检查或缩短吸水管线，纠正旋转方向，清洗叶轮，提高转速。泵消耗的功率过大，需检查原因，消除机械摩擦，关小阀门，降低流量。

2. HSE 管理注意事项

严禁夜间无照明时进行作业和超压运行,作业中不可离开岗位。严禁不按指令操作,严禁作业中触摸旋转部位。及时检查消防水池水位并填写记录。根据天气情况,考虑放空管线内液体,以防止冻裂阀门管道。

3. 车用乙醇汽油使用灭火剂的重要提示

在储存过程中,石油库储存的普通汽油属于非水溶性甲类液体,可选择的灭火泡沫液分为两种情况:当采用液上喷射泡沫灭火时,可选用蛋白、氟蛋白、水成膜或成膜氟蛋白泡沫液;当采用液下喷射泡沫灭火时,应选用氟蛋白、水成膜或成膜氟蛋白泡沫液。

储存车用乙醇汽油,就必须选用抗溶性泡沫液。对于泡沫灭火系统的选择也有变化。对属于非水溶性甲类液体的汽油固定顶储罐,可选用液上、液下或半液下喷射泡沫灭火系统。而对于车用乙醇汽油的固定顶储罐,则应选用液上或半液下喷射泡沫灭火系统。这就要求对原来采用液下喷射泡沫灭火系统的储罐进行改造,改成液上或半液下喷射泡沫灭火系统。对新建石油库则不选用液下喷射泡沫灭火系统。

四、石油库设备管理要求

(一)设备日常管理要求

(1)建立设备档案,内容应包括设备的种类、数量、型号、购置时间等。

(2)油罐和管线等输送、储油设备,应不泄漏、无严重缺陷等。运转设备运行时应无过热、杂声等异常现象。

(3)在发现设备出现一般问题,不影响安全使用的情况时,应制定安全措施,监视运行,选择合适时机进行检修。在发现直接威胁安全生产的情况时,应立即停止使用或运行,并进行紧急维修。

(4)做好运转设备的润滑工作,及时补充润滑油或润滑脂。

(5)消防设备等特殊设备应由专人或单位进行维修,电气设备应由具有专业资格的单位或人员进行检修。

(6)日常检查中应对易出现问题的部位进行检查,如管线的各个连接处、阀门连接处等。

(7)检测达不到安全使用标准的设备,如有严重腐蚀、泄漏、老化的设备管线,必须报废更新。

(8)国家规定定期检验、校验的设备,如电气设备、计量设备、避雷设施等,按国家有关规定执行。

(9)设备达到报废年限时,经鉴定后进行报废,报废的设备不得再次使用。

(二)石油库设备检查维修要求

(1)每月对油罐及油罐附件进行检查和维护至少一次。根据实际情况每3—5年对油罐进行一次清罐。

(2)对于超过三个月未使用的输油管线,在启用前应组织冲洗。

(3)检查人员应将检查中发现的问题填入相应记录并及时处置,同时视问题严重程度通知维修部门并逐级上报。

(4)维修人员要经过专业培训,掌握所维修设备的构造、原理、用途和性能,并能排除常见故障。

(5)平时觉察到设备小故障要及时修复,防止仪器设备"带病"运行,保证设备正常使用。设备发生大故障时,操作人员应立即停止使用,并采取措施防止故障扩大,随后报修。

(6)设备维修应严格按修理制度执行,使设备性能得到恢复,保证设备正常运转。

(7)定期制订设备保养修理计划和配件采购计划。

(8)建立、健全设备检修记录,所有设备修理或零件更换都应填写检修记录。

第三节　石油库HSE管理

HSE管理是按照"谁主管,谁负责""党政同责,一岗双责""失职追责,尽职免责"原则,以制度形式明确各岗位在生产经营活动中应负有的HSE责任,确保各项工作落实到人,建立完善生产经营场所、设施设备、人员管理等各项 HSE 规章制度,并定期监督、检查、落实。

一、石油库 HSE 基本概述

石油库 HSE 管理是为实现 HSE 目标而进行的有关决策、计划、控制等方面的活动,是石油库管理的重要组成部分。因为石油库内存在大量的易燃、易爆以及易腐蚀、有毒、易流淌等物品,存在大量不安全因素,具有极大危险性,若发生事故,将会造成人员伤亡和油料物资的大量损失等后果,因此做好石油库 HSE 管理具有非常重要的意义。

石油库 HSE 管理既要遵循管理的一般规律,又要着重分析石油库 HSE 管理的特殊规律。应用现代管理科学的先进方法,控制和消除不安全因素,保护石油库的人、财不遭受破坏和损失。

石油库 HSE 管理工作的开展具体包括:HSE 组织和责任制的建立;制定程序文件、作业指导书;风险管理、隐患治理;HSE 相关的培训、检查、考核、通报等。

二、石油库安全管理

安全生产人人有责,应落实全员安全生产责任制。企业的每名员工都必须在自己的工作岗位上,认真履行自己的安全职责,按照岗位操作规程作业。

(一)石油库安全管理制度

主要包括安全生产责任制、岗位安全职责、安全操作规程等。

1. 安全生产责任制

石油库要认真贯彻执行国家、上级、企业安全生产的方针、政策、法令和规定,全面负责库内的安全管理工作,制定、完善石油库的各项安全管理规章制度、安全操作规程和安全技术措施,并检查监督落实情况,定期对石油库员工进行安全、保密、法制等宣传教育与考核。对于重点消防部位,做到定人、定位、定措施,防止各类安全事故发生。石油库要执行安全值班制度,检查防火区内的安全生产情况。对于为安全生产做出突出贡献的班组和员工要给予表扬和奖励，对违反安全生产规定的班组和员工给予批评和处罚。

2. 岗位安全职责

石油库的各岗位，包含石油库主任、计量员、质检员、警消员等，具体职责可参照第三章“加油(气)站运营管理”的相关内容确定。

3. 安全操作规程

按照石油库各岗位作业内容，可分为公路付油区作业安全操作规程、公路接卸区作业安全操作规程、铁路接卸区作业安全操作规程、计量作业安全操作规程等。

(二)石油库安全教育培训、管理措施、安全组织

可参照第三章加油(气)站的安全教育培训、管理措施，以及安全组织的内容来建立石油库的相关内容。

三、石油库职业健康与劳动保护

石油库应重视员工的身体健康，要按照劳动保护规定发放劳动保护用品。员工在生产劳动和工作过程中，由于作业环境条件异常等情况，往往会发生人身伤害事故或职业危害。为防止事故和危害的发生，必须正确使用劳动保护用品，当发生事故或危害时，劳动保护用品可以起到保护人体的作用。石油库除了给员工发放常规的防静电工作服、防静电工作鞋、安全帽、手套等劳保用品之外，还应配发防止油品毒物进入人体呼吸道的呼吸防护器。下面我们就一起了解一下几种常用的呼吸防护器。

(一)过滤式防毒面具

过滤式防毒面具是保护人体呼吸器官不受外界有毒有害气体损伤的专用面具。它是利用滤毒盒内的药剂，将空气中的有毒成分过滤掉，使之变为比较清洁的空气，供佩戴者呼吸用。它的优缺点也较为明显。其中优点是结构简单、重量轻、携带方便。缺点是只能在外界的一氧化碳浓度不高于2%、含氧量不低于18%的条件下使用，且呼吸阻力较大，一种药剂只能过滤一种或几种毒性气体，选择性较强。

(二)过滤式防毒口罩

过滤式防毒口罩的工作原理和过滤式防毒面具的类似,采用的吸附剂也基本相同,仅在结构形式、大小以及使用范围等方面有所不同。口罩滤毒盒容量小,一般只用于防御低浓度的有害物质。

(三)隔离式呼吸器

隔离式呼吸器使供气系统和现场空气相隔绝,能在有毒物质浓度较高的环境中使用。隔离式呼吸器主要有各种氧气呼吸器和蛇管式防毒面具。

(四)AHG 型氧气呼吸器

氧气呼吸器因供氧方式不同,可分为 AHG 型(可分为 AHG-2、AHG-3、AHG-4)氧气呼吸器和隔绝式生氧器两种。AHG 型氧气呼吸器通过氧气瓶中的氧气供人呼吸;而隔绝式生氧器是依靠人呼出的二氧化碳、水与面具中的生氧剂发生化学反应产生氧气供人呼吸。

四、石油库环境保护

石油库应按照“三废”管理的总体要求,开展好环境保护工作,其中要重点开展好防噪声污染和防含油污水污染工作。

(一) 防噪声污染

噪声按照产生的来源可分为空气动力性噪声、机械性噪声和电磁性噪声。

1. 噪声产生的危害

噪声会对人体和身心健康造成危害,人长时间处于噪声超标的环境中会受到伤害。主要表现形式为听觉器官受损,产生心脑血管病症、神经衰弱等。

2. 石油库噪声污染的防治措施

减少和降低噪声污染应从噪声源、噪声传递和噪声接收三个方面开展。

控制噪声源是解决噪声污染问题最根本的方法,包括合理配置噪声源,采用无噪声或低噪声的工艺和设备。噪声传递的控制则可利用吸声、隔声、消声器、隔振等技术来实现。噪声接收环节最为有效的控制方法就是佩戴个人防护用具,以达到减少人体接收噪声的目的。

(二)防含油污水污染

含油污水如果不经过有效的处理随意外排,或是在生产上重复利用,就会造成污染。因为含油污水中含有多种有害化学成分,对动植物及人类的生存和发展存在严重的影响,所以石油库含油污水的治理就尤为重要。

1. 石油库含油污水的来源

含油污水的产生主要与石油库的运输接卸方式、作业技术要求、油品品类所处的地理环境相关。例如油罐、管线清洗时产生的污水,或是事故造成的污水,也可以是含油雨水或是清洗作业场地产生的污水等。

2. 石油库含油污水的水质评价指标

评价指标主要有水温、水色、酸度、碱度、化学需氧量、悬浮物、硫化物等。通过对这些指标的掌握,可有效地制定方案进行处理。

3. 石油库设计环节防含油污水污染的措施

在排水设计环节应采取相应措施,例如石油库含油和不含油的污水,必须分流排放,污水排放管道应设置水封井,排放处应设置取样点或检测的设施等。

为防止油品顺着排污管道排出,石油库排污管道相应位置应设置水封井。例如油罐组防火堤或建(构)筑物的排出管出口处,污水排放管道通过石油库围墙处等。

除此之外,现行国家标准《石油库设计规范》(GB 50074—2014)中也有对含油污水的明确规定,可参照执行。

4. 石油库含油污水的处理方法

含油污水的处理方法主要有隔油处理、浮选处理、絮凝处理、过滤处理和利用油水分离器处理五种。

(1)隔油处理

利用隔油池将含油污水中的浮油分离出来,主要是利用油和水密度的不同。隔油池的结构通常有平流式、平行波纹板式和倾斜板式三种。

(2)浮选处理

浮选处理就是往含油污水中注入空气,使其乳化黏附在气泡上,并随气泡上浮到水面,起到分离的作用。浮选处理主要分为溶气浮选法、微孔管浮选法和射流浮选法三种。

(3)絮凝处理

絮凝处理就是向含油污水中投入电解质混凝剂,经过水解生成带有与污水中油粒相反电荷的氢氧化物,压缩油粒的双电层,使油粒达到电中性,失去稳定而相互凝聚。密度大的絮凝体沉淀到底部,密度小的则进行气浮上升到液面。

(4)过滤处理

石油库含油污水经过隔油处理之后,将其通过滤料或多孔介质,截留污水中剩余的悬浮物质。过滤设备主要包括滤池和滤料。

(5)油水分离器处理

油水分离器是用来处理含油污水的装置,能有效地使污水中的油和水分离,适用于以除油为主、污水量较小的处理系统。

五、石油库风险管理

HSE 风险包含人员的行为风险、设备设施的运行风险及周边环境的环境风险等。工作人员要按照作业流程、直接作业环节许可等制度对作业过程中产生的风险进行管理。风险管理包括风险辨识、风险评价、风险控制等主要工作内容。风险管理应遵循“全员、全过程、全方位、全天候”的原则,做到实时动态管理,按照“谁主管,谁负责”及“分类、分级、分专业”的原则落实责任。

(一)石油库 HSE 风险管理职责

石油库是 HSE 风险管理的责任主体,对本库的风险管理工作全面负责,履行属地责任。石油库对业务范围内的风险管理具体负责，负责组织本库开展风险辨识和风险评估工作，落实风险控制措施，实施风险管控。风险应按照管理职责和权限分级落实到管控责任人和责任部门。

（二）石油库 HSE 风险分级

安全风险等级按照后果严重性分为重大、较大、一般和低风险四级，分别用红、橙、黄、蓝颜色表示。环境风险等级按照涉及环境风险物质数量、可能影响的环境风险受体敏感性、环境风险控制水平等因素进行评估，分为重大、较大和一般三级。

（三）石油库 HSE 风险识别与防控

石油库应制定年度风险辨识方案，充分发动全员进行风险评估工作，专项排查与日常排查相结合，对排查出的风险制定切实可行的防控措施，有效降低风险等级。定期组织开展分管范围内的风险辨识工作。石油库应遵循属地管理原则，按照环境风险评估指南的要求，对管理情况、设备设施情况、周边环境情况开展辨识，分类梳理，建立风险清单。

石油库应对风险清单中的安全风险采用风险矩阵法进行评估。环境风险从涉及环境风险物质数量、可能影响的环境风险受体敏感性、环境风险控制水平三个方面按照环境风险评估指南中风险矩阵进行评估，初步确定风险级别。风险应实行分级管理，企业 HSE 委员会应针对不同级别的风险采取相应的技术措施和管理措施（包括工程技术、管理、应急和个体防护等），明确分级管控责任人和措施落实责任人，包括各级风险责任人、责任部门、石油库风险责任人和具体风险点控制执行人。各级风险辨识评估后，必须落实管控措施，构成隐患的要按照隐患管理相关规定及时进行治理。安全管理部门应督促、指导石油库按照风险评估要求，制定、落实具体防范措施，采取措施降低或消除风险。企业应开展风险教育和技能培训，使员工掌握风险的基本情况及防范、应急措施。

（四）石油库重大风险管理

重大风险要按照“一风险一手册”的要求，制定每个风险源的风险防控手册,落实“五定管理”(定防控措施、定责任人员、定资金、定期限、定应急预案)。企业应定期组织对所属业务范围内的重大风险进行再评估,评估结果仍为较大及以上等级,必须重新调整风险控制措施。风险控制措施确定以后,企业要对相关管理和操作人员进行相关知识培训和交底,保证控制措施落实到位。油库应按风险情景构建模式编制应急预案,组织演练,并不断完善。

(五)风险管理的监督和改进

石油库应建立风险巡查机制,将风险监控纳入日常检查和专项督查内容中,确保风险控制措施的有效性和风险降级的适时性。在醒目位置和重点区域分别设置风险公告栏,重大风险控制措施应进行专项检查、挂牌督办和每月跟踪,重大、较大风险必须全面落实视频监控措施。

石油库应建立安全环保风险动态管理台账,并定期更新。建立动态风险管理模式,每半年组织一次全面的风险辨识、评估工作,并根据风险评估结果对各级风险清单、台账及时更新。同时要建立风险降级汇报制度,应按照管理权限对风险降级情况分级组织验证。油品销售企业应不定期组织专家对石油库风险排查及控制情况进行督导,指导制定切实可行的防范措施。每年应编制本年度风险管理报告书,制定下一年度风险管理计划报告书。

六、石油库隐患治理

石油库事故隐患治理项目应纳入油品销售企业年度投资计划进行管理,严格按照计划执行,确保安全生产。

(一)可以认定为隐患项目的内容

(1)生产设施和公共场所存在的不符合国家安全生产法规、标准、规范、规定要求的隐患。

(2)可能直接导致火灾及爆炸事故、人身伤亡或造成事故扩大的生产设施、安全设施等存在的隐患。

(3)可能导致《国家职业卫生标准》中相关病例的隐患。

(4)企业自行下达的中、大型隐患项目整改通知书要求治理的隐患。

(5)预防可能造成灾害进一步扩大的固定资产投资项目。

(6)新投产的项目,从项目验收后三年内发现的隐患,原则上不作为隐患项目。

(7)通过设备更换、正常维修维护能解决的问题,不能列入隐患项目。①

(二)隐患项目评估、申报、审批和计划

隐患评估应由企业主要领导、职能部门和具备实际工作经验的施工人员组成评估小组或有资质的评价组织,以国家和行业安全法规、标准、规范以及企业安全生产监督管理为依据,提出评估意见和编制评价报告书。“隐患评估内容应包括现状分析、存在的主要问题、风险及危害和结论性意见等。”②经评估确认的隐患应申报隐患项目可研报告书,主要内容包括几种治理方案的对比和选择,具体治理费用,治理方法的安全性和可操作性分析,治理计划安排等。在隐患评估和可研报告的基础上,编制年度固定资产投资计划,并列入下一年度固定资产投资项目计划。隐患项目的审批应按照本企业固定资产投资决策流程及管理办法规定的相关流程执行落实。

(三)隐患项目的计划管理

隐患项目都要列入本企业当年固定资产投资项目计划内,企业计划部门应严格按企业固定资产投资决策流程及管理办法申报隐患项目,不应将隐患项目化整为零申报,改变审批渠道。③ 隐患项目由本企业安全管理部门对口统一管理。凡企业批准列入计划的隐患项目,要认真组织抓好实施,做到当年完成、不跨年度。“在应急状态下必须立即进行整改的隐患项目,各

---

① 中国石油化工集团公司安全环保局. 中国石油化工集团公司安全生产监督管理制度[M]. 北京:中国石化出版社,2004:52.

② 中国石油化工集团公司安全环保局. 中国石油化工集团公司安全生产监督管理制度[M]. 北京:中国石化出版社,2004:53.

③ 中国石油化工集团公司安全环保局. 中国石油化工集团公司安全生产监督管理制度[M]. 北京:中国石化出版社,2004:53.

企业可在进行治理的同时申报隐患项目。”[①]凡未列入固定资产投资项目计划的，并未经本企业有关部门审查核实的隐患项目，均不予立项审批。

（四）隐患项目的实施管理要求

隐患治理项目及资金计划下达后，企业应按照固定资产投资项目实施管理办法组织实施，建立隐患治理专项工作会议制度，定期组织召开隐患治理项目推进会。施工管理部门保证施工进度；财务部门确保资金拨付及时；安全管理部门对隐患治理全过程的监督管理工作负责，确保按时按标准完成隐患治理年度计划。

企业对隐患项目的管理应做到“四定”（定整改方案、定资金来源、定项目负责人、定整改期限）。企业主要领导负责对隐患项目的实施推进工作，企业分管领导负责落实隐患项目整改方案。对于不能及时整改的隐患项目，企业应采取切实有效的安全措施加以监护。下达隐患项目及资金计划后，企业不能擅自更改项目、投资、完成期限，或将资金挪作他用。[②]

第四节　石油库质量和计量管理

石油库质检员、计量员应经专业培训考核，合格后持证上岗。规章制度，质检、计量岗位责任制应上墙，同时要加强日常监督管理。石油库相关管理人员应对水路收发油船的收发罐前后尺进行跟踪，所使用的质检、计量器具合格有效，在检定有效期内。流量仪表由具备资质的检定部门定期检定，取得核发的流量仪表检定证书后方可使用。油罐定期检定，使用合格有效的检定证书。严格执行质检、计量原始记录管理要求，质检、计量台账规范按月装订。

---

① 中国石油化工集团公司安全环保局. 中国石油化工集团公司安全生产监督管理制度[M]. 北京：中国石化出版社，2004：54.

② 中国石油化工集团公司安全环保局. 中国石油化工集团公司安全生产监督管理制度[M]. 北京：中国石化出版社，2004：54－55.

一、石油库质量管理

（一）质量管理职责及基本要求

石油库要严格做好油品收、发、存的质量管理工作，认真填写质检记录。对油品的质量进行全过程监控，及时准确传递各类数据及报表，对质检器具和设备定期送检及维护、保管。按照“谁主管，谁负责”的原则，石油库主任是本库质量管理工作的第一责任人，主管石油库质量管理工作。

1. 石油库质量管理职责

（1）贯彻执行《中华人民共和国产品质量法》及现行的石油产品标准、试验方法等规章制度。

（2）贯彻落实企业油品质量管理规章制度及实施细则。

（3）对企业油品质量进行日常监督，定期或不定期组织抽检，发现问题及时提出并落实整改。

（4）对企业发出的油品定期组织质量检验，掌握油品质量指标，随时跟踪油品质量；对油品销售企业的油品质量定期组织抽检，做好各个销售企业油品质量监控工作。

（5）根据采购和运输部门提供的采购油源信息，增强对采购油品的溯源质量监控。

（6）定期组织本企业与同行业实验室检验数据的对比校对，使检验数据准确化和科学化。

（7）组织质检员的业务知识学习培训并考试。

2. 石油库岗位质量职责

（1）石油库质检员职责

①具有良好的职业素养，诚实守信，爱岗敬业。

②具有油品检测相关专业的大专（含）以上学历，条件优秀者可适当放宽条件。

③质检员应持证上岗，并熟悉《中华人民共和国产品质量法》和国家其他有关质量的法律、法规等规章制度。掌握油品检验专业知识、操作技能、

误差理论、数据处理、油品质量维护与管理、石油商品学和计量学等基本理论知识。

④坚持“实事求是”的原则，确保检验数据的公正性、准确性和科学性，对检验结果负保密义务。

⑤严格按照石油样品试验方法标准进行检验，杜绝违反油品标准规定试验方法的违规操作。做到数据准确真实、报告及时。

⑥严格执行质检室的各项规章制度，爱护检验设备设施，不可使用不合格的仪器和未检定校准的设备。

(2)其他相关人员职责可按照操作岗位和特点，结合具体实际进行制定。

(二)油品入库、出库、储存的质量管理

在采购油品时，需要在合同内按现行标准注明采购油品的质量标准，保证供油标准现行有效。供货方需提供全分析合格的油品质量检验报告，并明确双方责任。出库油品按照现行标准出具合格的油品质量检验报告。储存的油品要严格按照动转和长期不动转油品检验要求检验监测。在石油库必须严格监测这三个环节的油品质量，确保不合格油品不入库、不出库。

1. 油品入库质量管理

石油库接卸操作人员在接收油品前，要查看油品质量检验报告内的相关数据和随车计量单，来核对来油车辆数量、车号，确认无误后填写记录，及时填写油品入库检验通知单并附油品质量检验报告和计量单，通知质检室取样检验。

质检员开始做收货验收，每到石油库一个批次作为一个检验批次，按照现行石油产品标准取样法进行入库验收。油船、汽车油罐车每一舱或一车取样、留样，按一批次混合样进行留样并检验；铁路油罐车按入库批次进行取样、留样，混合样进行留样并检验；管输油品取样按照相关办法执行，有特别规定的按特别规定执行。

2. 油品出库质量管理

对于出库油品，质检室应提供油品质量检验报告。油品出库前，由油库

计量员填写油品出库检验通知单并通知质检室做出库检验,质检员必须按标准操作规范登记、取样、留样、检验。

在下面两种情况下,轻油储罐首次发油前必须取出口液面样做出库检验:每次接卸新油品入库;其他油罐油品输转到发货罐。输出罐与输入罐之间不存在汽油、柴油共用管线的,输转后两罐均可免检出库;有车用乙醇汽油调和组分油的油库,需防止调和过程中比例发生变化导致油品不合格。增加出库油品质量检验频率,确保发出的油品质量合格。

3. 油品储存的质量管理

品种、质量等级、牌号不同的油品要实行专罐储存。同品种、同牌号但是质量等级不同的油品也要分开存放。润滑油也有特殊要求,如果品种、牌号、质量等级相同,但是生产厂家不相同,原则上不能装入同一个油罐。

储油罐内剩余少量的罐底油品,需要接卸同品种不同牌号的油品时,必须经审批检验,确保不同牌号的油品质量合格。对于收发不同质量标准油品的管线,应在正式收发前做顶线处理,特别是发油管线较长的要严格计算顶线数量,谨慎操作。

二、石油库计量管理

(一)计量职责及基本要求

石油库计量员应认真做好油品收、发、存的计量工作并填写记录,对石油库油品的损益进行分析、日常监控,及时准确填报各类报表。石油库的计量设备、器具要定期送检、维护,并妥善保管。按照“谁主管,谁负责”的原则,石油库主任是本库计量管理工作的第一责任人,负责石油库全面计量管理工作。

1. 石油库计量管理职责

(1)贯彻落实国家计量法律、法规和方针、政策,落实企业计量管理制度,规范操作,减少油品损耗。

(2)负责定期组织石油库计量工作检查交流和损益分析工作,持续提升石油库计量管理水平。

(3)负责组织制订计量员培训学习计划以及相关计量员管理工作。

(4)负责组织调查、协调处理石油库发生的数量纠纷工作。

(5)负责石油库油品收、发、存各环节的数质管理,将损耗控制在合理范围内。

(6)负责定期组织石油库的盘点工作,分析损益原因,审核上报相关计量数据及报表。

(7)负责石油库计量器具的管理,按时送检计量器具,保证计量器具合格有效。

2. 石油库岗位计量职责

(1)石油库主任计量职责:

①负责石油库计量作业的审批,安排石油库重大计量作业,审核计量凭证及报表。

②负责每月度、每年度计量工作绩效考核。

③负责审核计量损益数据工作,并协助查找、分析损益原因。

④每日进行油品“三核对”工作,定期组织库存实物盘点,审核盘存数据工作。

⑤负责石油库日常油罐、车(船)等计量抽查监督工作。

⑥负责石油库员工计量技能培训学习,强化计量员职业道德,培养业务素质。

(2)其他相关人员职责可按照操作岗位和特点,结合具体实际进行制定。

(二)计量器具和设备及其管理

1. 计量器具和设备

计量器具和设备是单独或与几个辅助测量设备组合,用于测量数据的装置。手工计量器具及辅助用品包含量油尺、静电绳、液体温度计、密度计、丁字尺、保温盒、量油膏、量水尺、试水膏等。需检定的成品油主要计量器具和设备包括立式油罐、卧式油罐、汽车油罐、量油尺、石油密度计、石油温度计、容积式流量计、流量计等。

2. 计量器具和设备的管理

石油库按照节约成本和满足日常计量工作需要的原则,配备合格完好的计量器具和设备,并存有备用品。应定期校验、维护和保养计量器具和设备,确保其拥有良好的计量使用性能,保证计量器具和设备的检定结果合格有效。石油库需建立计量器具和设备的管理台账,详细记录周期检定日期、调试维修内容、存放位置、器具和设备责任人、检查日期等信息,实行计量器具和设备全生命周期管理。

石油库需要单独设置一间计量操作室,存放计量器具和设备并进行油品相关计量数据测量。按要求对计量器具和设备的准确性进行自验自校。按要求对油罐自动计量装置的数据与手工计量数据进行比对,保证自动计量装置数据准确有效。自动付油系统、流量计等的可调整数据部位,如流量计表头、电脑控制主板、传感器等应施打防伪铅封,并填写相关台账。自动付油系统的油品匹配参数和系统超高权限密码的设置必须由专人按照规范程序分权限严格管理。

石油库必须建立计量设备的铅封档案,认真记录施封编号、位置、数量、施封人、施打日期等信息。石油库需每日对计量设备铅封进行检查。如果检查发现计量设备铅封断裂、失效等异常情况,应立即停止使用此计量设备并上报。石油库主任应立即组织调查损坏原因,并检查计量设备的准确性,调查、检查完毕后上报主管部门,按相关流程向施封部门申请重新施打铅封。需要维修的计量设备在拆除铅封时,必须上报石油库主任,主任确认后上报主管部门,主管部门确认同意后指定专人拆除并现场监督。

(三)收油、发油、库存计量管理

1. 收油计量管理

石油库计量员必须认真核对油品到货通知单上的相关数据信息,确认实际到库数量及油品品号。相关数据确认完毕,经质检合格后签发卸油作业通知单。卸油过程中,认真监控收油罐及其他相关油罐液位变化,发现异常及时停止接卸,认真查清原因。石油库实收数量以铁路到站罐车计量数为准;公路到库以地磅数据为准;水路、管道运输以下载数量和油罐计量数为准。当损益超出规定范围时,必须立即报告石油库主任,组织进行复核,查明损益超标准的原因,并根据实际收油数量填写收油凭证,经石油库主任复核签字后,计入收油台账、录入相关操作系统。接卸完毕后,应将相关入库数据凭证装订存档。

2. 发油计量管理

石油库要依据发油系统出具的发油凭证提油,杜绝先装油后补发油凭证。汽车罐车提油,以库内流量计计量数为交接依据;铁路槽车装油,以铁路槽车容积表计量数为准;油轮、油驳装油,以油罐计量或流量计计量数为交接依据;管道运输发油以质量流量计或双方商定的计量器具的数据为交接依据。发油依据油罐计量的,发油前后应将对油罐进行手工计量的数据作为交接依据。

汽车罐车装油时,应按照油罐实测密度发油。发油设备需要时时进行温度补偿。自由加油站返空罐车发货装油前,应检查油罐车设备,确认阀门关闭状态和反向铅封,发现没有反向铅封或反向铅封损坏时,油库应拒绝发油,并逐级上报相关部门。

石油库应诚信经营,如果发油设备出现超差短量时,石油库和提货方(或运输方)应共同复测确认。确实存在超差的,应在查明超差原因后补量。补量需经相关人员签字确认,登记相关台账。对于计量设备失准的,要立即停止使用,进行校准或维修、更换。企业计量管理部门应严格检查发油补量数据,监督补发数量。油罐车装油结束后,石油库应对罐车罐口、卸油口等部位进行有效施封。石油库必须建立铅封使用登记台账,规范管理铅封的发放、使用。对废弃、损坏的铅封应统一销毁。每日填报“三核对”及相关日结报表,核对提单数、流量计发量及罐发量,发现有数据异常情况,需要及时查明原因。

3. 库存计量管理

石油库的不动罐至少每三天计量一次。动转罐作业前后必须进行计量,计量数据及时录入台账及系统。如果油罐自动计量系统的计量数据准确有效,可以将自动计量系统的计量数据应用于日常库存管理,定期与手工计量数据进行比对校准。按月进行手工计量实物盘点,确认相关实物数据,做到账账、账实、账单相符。详细分析盘点损益情况,如出现超耗(溢)需提出整改措施及建议,撰写盘点分析报告。

(四)计量档案分类及管理期限

1. 计量档案分类

(1)计量员档案。

(2)计量器具和设备档案。

(3)计量标准、规程、制度档案。

(4)计量设备技术资料、参考资料等档案。

(5)计量测量原始记录、台账、凭证表单、报表等档案。

2. 计量档案管理期限

(1)收、发油凭证,报表,测量记录等保存期限为三年。

(2)容积表、计量器具和设备检定证书到期后要留存到下一个检定周期。

(3)计量设备技术资料、自动计量装置技术资料等要保存至该设备及装置报废后一年。

第五节　石油库动转环节作业管理

石油库是担负接卸、储存和出库的主要场所,所有环节的作业应严格按照作业流程执行。

一、铁路接卸作业流程

(一)进货通知

油品销售企业的业务管理部门将发油量单发至石油库,并通知计量员。计量员报告石油库主任(一般每日设置一个值班主任,以下使用值班主任一词),同时将发油量单复印一份交给质检员。

（二）铁路油罐车进库

铁路油罐车进库前，应确保卸油栈桥上的梯子全部复位。值班主任负责通知警消员对进库铁路油罐车进行安全检查，防止可疑物品随车带入库内。

铁路油罐车进库后，石油库应配合铁路一方对好货位，检查防溜措施。警消员填好人员车辆进入库区安全检查登记。计量员核对车号、车数、油品名称、铅封情况等。

（三）卸油准备

各相关岗位工作人员按规定穿戴好劳动防护用品，准备好接卸作业工具、相关作业台账，并将消防器材摆放到位。值班主任根据待收油品品号、到货数量以及计量员每日提供的石油库库存表，审核进油罐号、输油管线、油泵、阀门和作业时间，通知计量员、质检员等做好作业准备。计量员对进油罐进行收油前计量作业，并认真确认待收油罐空容数量与来油数量。

（四）铁路油罐车计量

轻质油品稳油 30 分钟之后，计量员检查封铅。卸油员站在上风口，开盖时对角拧螺栓，先进行泄压，再开盖。开盖动作要轻缓，尽量减少撞击。计量员将通知单与铁路油罐车编号、油品品名、规格、数量仔细认真核对无误后，按规定对铁路油罐车进行逐车计量，填写好原始计量数据。计量之后，实际损耗在未超过定额损耗和互不找补幅度时，按照正常计量处理。若损耗部分超过互不找补幅度，按相关制度办理索赔手续，并上报值班主任处理。质检员按照规定取样，对油品做入库项目检测，填写记录，将检验结果通知值班主任。如果检验结果有质量问题，应及时上报值班主任并等候处理。

当计量、质检工作结束后，计量员填写油品规格、来油重量、车号、发站名称、卸入罐号、现有空容量，作业阀、泵、管线编号及启闭情况。复核油罐情况，准确无误之后计量员、质检员和值班主任共同签字确认。

（五）卸油作业

连接铁路油罐车静电接地之后，卸油员将鹤管插入槽车内，开启鹤管放空阀。铁路栈桥阀门由卸油员启闭，泵房阀门由司泵员启闭，罐区阀门由计量员启闭。值班主任对作业准备情况进行复核，确认无误后，下达开泵指令。司泵员接到指令后进入卸油配电间，检查电压，按照作业要求合闸送电。启动前司泵员确认泵的进出口阀门全部打开后，按启动按钮启动油泵。油泵启动后，输油初速度控制在 1 m/s 内，5 分钟后转为正常流速。

油品接卸过程中，必须保证铁路栈桥上面有留守作业人员，各作业人员必须严守岗位，各尽其责，密切注视，认真巡检各个环节运转状态及掌握进油罐油面上升情况，发现问题，立即停泵，正确处理。

司泵员应检查压力表、电流表显示是否正常，电机运行是否正常，有无杂音。值班主任应监督检查卸油现场安全措施，计量员、警消员要对罐区、管线、接卸区巡视，发现异常及时处理。需调换进油罐时，需两人以上协同操作，并应先开启空罐阀，后关闭满罐阀，值班主任进行复核。

（六）作业结束

卸油员打开鹤管排气阀，待鹤管内余油排尽关闭排气阀，用接油桶罩住鹤管头，防止油品滴落，保护设备清洁，将鹤管复位。卸油员将扫仓胶管放入槽车内，合理有序开闭阀门，进行扫仓。警消员检查底油清扫情况后，卸油员关好槽车盖，压紧螺栓，收起踏梯。清理现场，整理作业工具，将灭火毯叠放整齐、归位，将扫仓胶管归位。

按照“谁开谁关”原则，计量员关闭收油罐及管线相关阀门，卸油员关闭栈桥阀门，司泵员关闭泵房阀门、切断电源。各部位操作人员结束工作后，报告值班主任，值班主任进行复位检查。各项作业记录应按实际作业过程规范填写，记录好各项作业开始、停止时间，各作业人员在对应签字栏中签字确认。

（七）计量验收

计量员按规程对收油罐进行后尺计量，并根据收货证明、入库确认单和罐车计量原始数据进行入库。同时登记商品保管账等台账。卸油作业时，收油罐禁止发油。

二、公路付油作业流程

(一)发油准备

值班主任根据计量员每日提供的库存报表，确定发油油罐号、油泵、输油管线、阀门，通知计量员、质检员。各相关岗位工作人员按规定穿戴好劳动防护用品，准备好付油作业工具、消防器材、相关作业台账。计量员对发油罐进行发油前计量，质检员按照规定取样，检测发油罐油品，填写记录，并将检验结果通知值班主任。如果检验结果存在质量问题，应及时上报值班主任，等候处理。

(二)布置作业任务

计量、质检工作结束后，计量员确定付油系数，填写付油种类、付油系数、付油油罐、付油货位等，各岗位人员签字确认，值班主任审核后签字确认，并交营业室存档。计量员启闭罐区相关阀门，付油员启闭付油区相关阀门。开票员对提油人员所提的油品名称、油品数量等进行核对，开具油品出库单，并进行核对制卡。

(三)车辆入库

警消员对等待入库油罐车的防火帽、灭火器、防静电拖地带及有关证照等进行检查，还要对驾驶员的防静电服、火种、手机、钥匙等进行检查，发现不符合安全条件，应拒绝其入库。人员、车辆检查符合安全条件之后，油罐车驾驶员填写人员车辆进入库区安全检查登记。同时计量员还要检查车辆返程签封和仓位现状。

(四)装车准备

付油员引导油罐车安全停靠在准确位置，驾驶员将发动机熄火，车钥匙拔出放在油罐车前作业状态牌挂钩上。检查合格之后，方可按油品出库单提油联的信息，核对油品名称、数量、车号、付油货位等。

（五）付油作业

首先要进行静电溢油保护器连接，将装车监视器信号线从固定底座取下，与罐车的连接口正确连接、锁定。随后将油气回收管阴端快速接头从停靠装置上取下，与罐车上的阳端接头连接，按下锁定把手将快速接头与罐车连接锁定。驾驶员应确保罐车停靠在输油臂的工作范围内，将付油鹤管阴端快速接头从停靠装置上取下，旋转阴端接头使其面向罐车上的阳端接头，推动阴端接头的活动外套将其锁定在阳端接头上，逆时针旋转阴端接头上的手柄，打开阀门准备加注。

付油员再次确认油品名称、数量、车号、付油货位，驾驶员刷卡付油。刷卡付油后，付油员、驾驶员现场监控发油状态，发现紧急情况应立即停泵。

（六）付油结束

付油结束后，驾驶员顺时针旋转下装鹤管阴端接头上的手柄，关闭阀门，拉回阴端接头的活动外套解除锁定。将阴端接头连接固定至停靠装置上的阳端接头（方法与连接罐装车辆相同）。松开与罐车连接的油气回收管快速接头的锁定把手，收回油气回收管并将其与停靠装置连接复位。撤除与罐车连接的装车监视器信号线，将其与装车监视器固定底座连接复位，断开静电溢油保护器的连接。检查现场设备设施复位情况，推开挡车器。

（七）车辆离库

驾驶员按照路面标志线，低速驶离发油货位。警消员收取油品出库单出库联，核对车号无误后放行。

（八）计量盘点

计量员按规程对当日发油罐进行后尺计量，与付油员确认流量表数，填写石油库发油核对表，相关岗位签字后上报值班主任。

三、油品输转作业流程

(一)输转通知

根据生产需要,石油库值班主任通知计量员进行油品输转作业。

(二)输转准备

各相关岗位工作人员按规定穿戴好劳动防护用品,准备好作业工具、消防器材、相关作业台账。值班主任根据所需输转油品的名称、规格、数量以及每日石油库库存表,确定输入、输出油罐号,油泵,输油管线,阀门和作业时间,通知质检员、司泵员等相关岗位。

计量员对输入、输出油罐进行输转前计量,并确认待输入油罐空容量。

质检员确认输入油罐和输出油罐的两罐油品均做过出库检验,并将油品质量情况汇报值班主任。

(三)布置作业任务

计量、质检工作结束后,计量员开具油品接卸(发出)输转重大作业通知单,填写作业种类、作业时间、油罐情况及作业流程。计量员复核油罐情况,确认无误后签字,质检员确认输转油品合格后签字。值班主任复核作业油罐及工艺无误后,在"签发人"栏签字后交予作业人员。计量员将已签发的油品接卸(发出)输转重大作业通知单的一联留存,一联交给司泵员,一联交给警消员。

(四)输转作业

卸油泵房阀门由司泵员启闭,罐区阀门由计量员启闭。值班主任对作业工艺准备情况进行复核,确认无误后,下达开泵指令。司泵员接到指令后进入配电间,检查电压,按照作业要求合闸送电。司泵员按启动按钮,启动活塞转子泵。油泵启动后,输油初速度控制在 1 m/s 内,5 分钟后转为正常流速。

油品接卸过程中，各作业人员必须严守岗位，各尽其责，密切注视，认真巡检各个环节运转状态及掌握输入、输出油罐油面上升情况，发现问题，立即停泵，正确处理。油品输转过程中司泵员应检查管道泵压力表、真空表、配电柜电流表显示是否正常，电机外壳等温度是否正常。警消员应做好巡检工作，值班主任应监督检查卸油现场安全措施。

（五）作业结束

清理现场，整理作业工具，将消防器材摆放整齐。按照“谁开谁关”原则，各作业人员关闭收油罐及管线相关阀门，切断电源。各部位操作人员结束工作后，报告值班主任，值班主任进行复位检查。作业记录应按实际作业过程填写完整，各作业人员在对应签字栏中签字。

（六）数质量验收

计量员按规程对输入、输出油罐进行后尺计量，并将实际输转量报告值班主任。因调品号、油品变更等以调指标为目的进行的输转作业，质检员按照规定取样，对输入罐油品检测，填写记录，并将检验结果通知值班主任。检验结果有质量问题，应及时上报值班主任，等候处理。

四、石油库输转油品泵管理

（一）活塞转子泵作业流程

1. 准备阶段

操作人员按规定穿戴好劳动防护用品，检查活塞转子泵、消防器材、设备运行相关作业台账等。根据输转油品、操作流程确定所需使用的油泵。确定电机、电源、过滤器、压力表、真空表等部件是否完好，电机保护接地线是否完好有效，齿轮箱是否有油，联轴器的垂直面和水平面是否平行。之后启闭相关阀门。

2. 实施阶段

检查无误后，启动电机，观察油泵进出口压力值是否稳定。泵在作业过程中,认真观察电机、泵壳是否过热,有无杂音,泵的机械密封处有无泄漏。作业时严禁擦洗保养。

3. 结束阶段

卸油完毕及时停泵,泵停后关闭相关阀门,关闭电源,填写记录,设备复位,清理现场,关闭门窗。

(二)离心泵作业流程

1. 准备阶段

操作人员按规定穿戴好劳动防护用品,检查离心泵,准备好消防器材、设备运行相关作业台账等。依据输转油品确定所需使用的管线及油泵。认真观察电机、泵壳是否过热,有无杂音,泵的机械密封处有无泄漏。作业时严禁擦洗保养。

2. 实施阶段

打开进口阀门,灌泵填充介质,排尽管道内气体,关闭排气阀。启动电机,当油泵转速达到额定值,压力表指针稳定后,慢慢打开出口阀门。如压力表指数超过正常压力或压力突然下降,应立即停泵查明原因,排除故障后再启动。在运转中需要调节流量,可采用关小出口阀门(不得关小进口阀门)的方法来进行,输送中切忌空转。离心泵在运转中,注意检查电机、泵壳是否过热,压力是否正常,有无杂音。运转时严禁擦洗保养。

3. 结束阶段

停泵时,先关闭出口阀门,后停电机,关进口阀。停泵后,切断电源,填写记录,检查设备关闭情况,关闭门窗。

第六节　石油库管理的思考

石油库管理除了重视 HSE 管理工作,按部就班地按照法规、制度和操作规程作业之外,还应加强预防机制、工作效率、创新改造等方面。

一、有效推动双重预防机制

根据政府应急管理局安排，深刻汲取事故案例教训，根据本行业的特点，引进建设执法预警和火灾事故平台，通过大数据和“互联网+”技术，24小时监控区域内所有用电及设备设施运行情况，实时监控各类危险源，把因设备设施等引起的火灾事故消灭在萌芽中，真正实现源头管控、前期治理，预防安全生产事故发生。

石油库危险源如发生泄漏、火灾等事故，政府应急指挥中心可通过视频和传感系统查看数据，实现远程指挥并调动周边可以利用的应急资源。实时监测发生火灾事故的具体情况，有利于指挥中心研究救援方案并发出救援指令。

作为重大危险源企业，石油库更应快速配合政府建设应急预警平台，加强学习先进管理手段，掌握设备设施使用功能及技术数据。员工充分运用平台，提升消防隐患管理水平。进一步推进双重预防平台深度建设，加速推进双平台建设工作，推动安全生产重大危险源企业平稳发展，确保石油库应急管理和安全生产形势持续稳定。

二、努力提高工作效率

石油库的工作性质特殊，员工的工作时间也不固定，一直以来都是以倒班制为主。这就需要按照员工职能和能力，合理分配工作时间。还可以借鉴其他行业倒班制度的经验，或根据石油库实际岗位设置，工作劳动强度自行合理优化。

石油库员工工作在基层一线，其工作技能应高标准、严要求，所以应定期组织库内员工进行岗位培训、实际操作演练、学习先进的技术，根据自己工作的实际情况进行操作改进。要培养“多面手”，每一个石油库员工都应该基本掌握各项操作技能，无论哪一个岗位人员有空缺，其他人都可以及时替补，做到无空岗，从而提高工作效率。

制定工作计划是很常见的管理手段。但是详细的工作计划不能只停留在高层管理者的手中，要让员工们人手一份，让每人都知道近期或者一日的工作计划，做到心中有数，提前准备，从而提升工作效率。

要有时间观念。如果员工的时间观念比较差，那么很难真正提升自己的工作效率。如员工经常迟到、做事拖拉，这就很难在规定时间内完成自己的任务，更不用说提升工作效率。因此，要培养员工良好的时间观念，提高执行能力。

降本节能增效方面。石油库应从培养员工意识和良好习惯入手，不断增强员工节能增效的技能，随手关灯、打印使用二次用纸、定期保养闸门、自主修复零配件等。培养员工“爱油库如爱家”，各种设备的使用要小心仔细，定期维护保养，小问题自己修复。全员学习设备原理，优化设备运行参数，改进设备性能，从而达到降本节能增效的目的。

三、创新小技术改造、小发明

人类不断在生活中创新，研制生活所需、工作所用的各种物品。世界在进步，社会在发展。我们石油库也在与时俱进，不断学习、探讨、研究，从而能够更快、更便捷地完成好各项工作。

例如石油库抽底管改造项目，将逆止阀与接头、铝管相接，再把铝管的另一端接在抽底管线。用铜线固定后，一个带有逆止阀的抽底管改造完成。再次抽三节铁路油罐车底部油，可将油罐内的挂壁油及余油一并卸入油罐内。可以说这次小小的发明创造获得了较大的收益，不仅在抽底管线安装了逆止阀，更重要的是还增加一项新的卸油操作规定，那就是在石油库卸完油后 1 小时，如铁路油罐车没有再次调运可以进行二次抽底。虽然增加了员工的工作量，但减少了损耗，提质增效。

据不完全统计，在石油库接卸轻油铁路油罐车时，在用 1 寸—2 寸油管抽取底油时，每车会有 5 L—10 L 余油在收管时又从小管返回到罐内。按照收抽底管线时平均返回 8 L 油、带有逆止阀的抽底管线在收管时将不会再返油、改造后入库铁路油罐车按 100 车计算，卸油时仅在罐底就可多回收 800 L 的油品，而每节铁路油罐车在抽完 1 小时后，从罐壁还会有 10 L 左右成品油流至罐底。按照罐壁流至罐底油每节 10 L、入库铁路油罐车按 100 车来计算，卸油完毕后仅第二次罐底回收就可回收 1000 L 的油品。两次操作每 100

车共计可多回收 1800 L 油品。这两组数据也证实了,这次发明创造和二次抽底操作的正确性,并为企业增加了经济效益。

虽然这个发明创造有比较大的成果,但还不足以满足大家内心的真正需求,而这也只是一个短暂的前奏,只要善于钻研、勇于钻研、敢于负责,相信不久的将来会有更大的惊喜等着大家。而这也印证了那句话——“有想法才有创新,有创新才有突破,有突破才能成功”。

第五章　非油品运营管理

“非油品”一词是针对油品销售企业主营业务提出来的，是涵盖主营业务之外所有业务的统称。近年来，非油品业务在油品销售企业经营中的比重不断上升，部分优质站点的利润已经达到站级利润总额的四分之一。那么，在非油品业务不断增长、营销手段不断更新的今天，抓好非油品营销和管理就成了新的时代命题和研究方向。

第一节　非油品的营销管理

非油品与成品油的营销理论基础同为经典营销理论，本节只针对非油品的具体营销手段列举一二。

一、消费者画像

一直以来，更好地了解消费者以实现可持续销售、维护品牌的长久存在是营销者孜孜不倦追求的东西。消费者画像便是这种追求下的产物，无论传统营销还是数字营销，消费者画像都是战略规划的基础。消费者画像是商户在消费者消费前、消费中和消费后对消费者年龄、所属行业、家庭状况、教育程度、消费习惯和消费心理等因素进行的人像勾画。按照销售场景归类，加油站大致可分为城市中心站、田间乡村站、高速国道站、旅游景区站等。这些加油站所处的地理位置不同，消费者群体的画像结果也有很大差异，如城市中心站的消费者，画像结果大多有几个特征：都市中产、有车的上班族、已婚男士居多；旅游景区站的消费者，画像结果有以下几个特征：游玩的游客、当地导游、大巴司机。根据画像结果来洞察你的消费者是谁、消费者有什么需求，随后可以展开市场调研，了解消费者心理。处于数字化时代的当下，所有的消费者行为都可以被记录跟踪。基于对社会化媒体海量大数据的挖掘分析，我们可以对消费者做更细致入微的洞察。

消费者画像不仅可以让我们更加清晰地认识我们的消费者群体，还可以指导企业购进加油站便利店更加适销对路的商品，针对不同人群制定加油站便利店的短期和中长期的营销模型和营销政策，实现企业效益最大化。

二、营销话术

营销话术是销售人员与消费者沟通的范文资料，通常是用最简单、最直接的讲话方式，用最短的时间描述销售对象的优势和特性，让消费者在最短的时间内产生购买欲，从而达到成交的结果。营销的本质就是“走出去”“说出来”“把钱收回来”。目前，我国的保险销售领域是较早应用营销话术的行业，营销人员会对客户讲出产品的优势、价格和权益。而加油站便利店的场景定位是加油顾客的临时购物场所，进店停留时间短，购买决策的时间也就相对较短，这就对加油站便利店的营销话术有了更高的要求。便利店管理者需要用更简练的语言进行产品介绍、探查需求、价格谈判、售后服务等，且都需要在短时间内完成。充分用好加油站便利店这个载体，实现为精准客户制定精准服务。

第二节　便利店的日常管理

便利店的日常管理主要包括商品的订货、收货验收、质量管理、陈列管理、盘点管理、烟草管理和损耗管理等内容。

一、订货与收货验收

便利店应根据本店规模及销售情况，合理确定商品存量，以此为依据进行订货。货品到店之后，应组织进行收货验收。

（一）订货

在规定的订货时间向计划管理员上报要货计划，管理员接到计划后，按已经确定的供应商目录进行数据汇总，审核其合理性，并与供应商对接进货事宜。为保证各店不会出现断货脱销的情况，店长和便利店管理人员应随时关注商品库存数量。

订货时合理库存量 = 两周销量 + 货架陈列必要数量 + 来货周期（一周）备用量。（可参照执行）

遇有团购情况，店长可随时向计划管理员提出订货，并上报订购商品的名称、规格、数量。原则上普通商品实行零库存管理，畅销、易缺商品应科学测算库存量。便利店管理员必须将供应商送货单与实物进行核对，并与外部进货计划单匹配核对无误后，予以记录商品入库明细，写入供应商入库表并打印，作为供应商结账、便利店入库留存、财务入库做账的依据。

（二）收货验收

到货后，收货单位（中央仓/便利店）应及时安排人员认真验收。检查项目主要包括：

1. 检查外观

查看外观是否完好无损，有无陈旧或存放过久的现象。

2. 检查标识

查看是否标明商品的名称、厂名、厂址、生产日期、保质期限和相关提示，标识是否清晰、有无涂改现象，有无中文说明，进口商品有无产地标识，属强制报验进口商品是否加贴 CCIB 激光防伪标志。杜绝假冒、变质、污染、虫蛀等商品进入中央仓（便利店）。

3. 商品核对

中央仓接收供应商货物时，必须严格按照计划管理员发的外部进货计划单核对商品的名称、数量、保质期、包装及口味，如有不符必须拒绝收货。便利店接收配送货物时，必须严格按照随货物同行的送货单收货，并予以签字反馈。如与送货单不符必须拒绝收货，对于擅自收货造成的损失将由收货人承担。至少两人在收货时进行商品确认并相互监督，确保收货无差错。

4. 验收确认

中央仓验货无误后由送货人员、中央仓物管员在进货交接单上共同签字确认并标注日期。便利店负责人验货无误后,由送货人员、便利店负责人在发货交接单上共同签字确认,送货人员需在当日内将发货交接单返还中央仓管理员。

二、质量管理

(一)管理原则

商品质量的管理和监督应遵循内外结合、综合管理的原则。内部实行“统一采购,验收把关,售前检查”的三级管理模式,外部接受消费者的监督。

(二)管理要求

如在售前、售中发现商品有质量问题,便利店可实行质量否决,拒绝或暂停销售有问题的商品。在商品出售后发现可能存在质量问题,应积极设法追回。出现上述情况均应及时向负责人反映。

以下商品严禁采购或验收入库:

(1)三无商品:无厂名厂址,无生产日期和保质期,标识不全。

(2)失效、变质、危及人身健康和安全的商品。

(3)掺假使假、以假充真、以次充好的商品。

(4)不符合国家有关规定的商品。

(5)已超过四分之三的保质期的商品。

三、便利店现场货品陈列管理

(一)便利店现场整理

店容店貌具体工作应由便利店管理人员负责,具体应开展现场整理和环境卫生的清洁工作。管理员应在每日交接班之前对店内货架进行整理,其中包括货架擦拭、架上商品的清洁等内容。地面、橱窗、室内窗户、各类海报应进行清洁,做到无灰尘、无破损、无污渍。冰柜、冷藏柜、空调设备等在清洁之后,应检查运行是否正常。

(二)便利店货品和物品的整理

便利店管理员应落实货品和物品整理工作。每日进行货品的补货,应按照"先进先出"的原则进行摆放。检查货架上商品的保质期,临期或是过期的商品要及时进行下架处理,避免发生消费纠纷。对于顾客挑选未归位的商品,应及时进行归位,特别是需要保鲜或是冷藏的商品。便利店的仓库内应分区设置,其中要单独设置一个临期商品区域,避免与正常商品混放。店内的非商品类和非必要设备类的物品,应统一放置库房内的合适位置,不可放置在店面。

(三)便利店自检

自捡需检查货架上的商品,将所有需补充的商品列成清单。检查内容还包括:收银台是否杂乱无章、是否需要清洁;地面是否需要打扫;保温设备中食品的数量和质量情况;冷藏柜等设备的存货状况;所有的店内标示、价格牌是否整洁。

(四)便利店商品的陈列

1. 商品陈列目的

商品的陈列能增加顾客的体验感,可有效刺激消费,还方便顾客的具体消费行为,如便于顾客拿取、便于购买时挑选比对等。有效的陈列在方便顾客的同时,会给便利店带来高的营业额和利润,有助于品牌形象的提升。

2. 主要的商品陈列方法

(1)横向陈列法

参照顾客水平视线的角度,将便利店内同类商品进行横向排列,目的在于让顾客在这个视线角度尽可能接触到更多的商品。

(2)纵向陈列法

便利店的货架一般可设置4—5层,纵向陈列就是将同类同种商品的不同规格型号,按照货架的层数进行竖向陈列。其优势在于顾客不需移动,只需抬头低头或是移动双眼就可进行商品的挑选比对。

(3)前进式陈列

商品在陈列时,都以正面面向顾客,并拉到最接近顾客的边缘。前进式的陈列方式,会给顾客视觉上的冲击,让顾客感受到货架上商品的整齐充满感。

(4)关联性陈列

按照商品的大类别来看,总是有具备关联性的商品。例如咖啡、伴侣和方糖等,将其一起陈列,既有利于满足顾客需求,又利于提升便利店营业额。

3. 一般货架陈列

首先,便利店内的货架整体要统一配套使用,以提升整体感。其次要将店内货架分成若干个区域,不同类商品要分区域陈列,例如食品类与非食品类应分开摆放,不能同架。烟草和较为贵重的酒类应陈列在店内吧台的墙壁柜位置,并悬挂提示标语。货架上的商品应配备统一规格和样式的标签,内容应包括商品名称、规格型号、条码或编号、生产厂家和价格等。日常补货要及时,店内应具备一定的库存。在商品的陈列上,视线的水平位置是最为直观的,也是顾客最容易注意到的,可以将畅销品或是关联类商品陈列在此。货架的底端往往都陈列例如食用盐这类的必需品,或是大件商品。

4. 端架和促销架陈列

端架处在货架的两端,位置较为突出,也较为显眼。我们可以将特价商品陈列在此,给顾客低价、实惠的购买感受,促进消费。将促销品统一陈列在促销区域或是促销货架上,可营造出促销氛围,吸引眼球,激发兴趣,引导消费。

5. 堆头陈列

堆头按照陈列的位置,可分为店内一般区域、店内靠门窗区域和店外区域。陈列的原则是不可影响穿行,不能影响正常购物,不能堵塞通道,堆头应设置在较为宽阔的通道旁。堆头的高度应设置在 1.0 m—1.2 m 之间,如临近货架,不宜超过货架高度。靠近门窗位置的堆头高度不宜超过 1.2 m。店外的加油岛堆头要摆放整齐、美观大方、保持清洁卫生、每天进行打扫、每天进行货物的补充,补充货物按照“先进先出”的原则进行堆放。

四、盘点管理

对店内商品进行清点就是盘点,其中包括数量的盘点和质量的盘点。按照形式不同来区分,可分为定期盘点、不定期盘点和抽查盘点;按照规模不同可分为全部盘点和部分盘点;按照频次不同可分为日盘、月盘、季盘和年度盘。

(一)盘点目的

通过盘点可查明商品库存实际数量,了解商品积压和损耗情况;清理临期商品和过期商品;了解商品周转情况,及时调整商品结构;整理仓储环境,清除卫生死角;发现并遏制偷窃行为,强化库房规范管理。

(二)盘点的组织和准备

盘点应由企业非油品管理部门负责牵头,组织盘点小组对便利店进行实物盘点工作。盘点实物由便利店店长负责,盘点数据、结果由非油品管理部门负责处理。盘点前需要对各种业务单据进行确认,对库存商品进行整理,以便盘点工作顺利进行。

(三)盘点方法

实物盘点分为定期盘点和临时抽盘两种方式。

1. 定期盘点

定期盘点是在月末、季末、年末等固定日期进行的盘点。在线门店盘点操作是由非油品管理部门进行后台盘点处理,即启动盘点平台、盘点平台数据处理。由各便利店进行实物盘点和前台数据处理,即打印出盘点表,根据单品、数量进行盘点,逐一核对每一品种的库存数量,再将实物数据录入盘点平台。未上线门店由各便利店根据单品数量进行盘点,逐一核对每一品种的库存数量,填制商品盘存报告单。

2. 临时抽盘

临时抽盘是在商品变价、工作交接、人员调动、工作抽查等情况下进行的盘点。

五、烟草销售的相关管理

烟草销售包含烟草批发及烟草零售。目前暂无便利店开展烟草批发业务。烟草零售(含团购)在便利店非油品业务中极为重要,针对烟草销售的要求[国务院关于修改《中华人民共和国烟草专卖法实施条例》的决定(国发〔2021〕750号)]如下。

(一)严禁无证经营烟草批发和零售业务

企业需要办理烟草专卖零售许可证,并做好审验等工作。禁止在烟草零售许可证核定的经营地址之外开展烟草零售业务。严禁未取得烟草专卖批发许可证的便利店一次性销售卷烟、雪茄烟50条以上(含50条),同时还应避免多次销售卷烟、雪茄烟后,一次性开具超出50条(含50条)的发票。特别注意无烟草专卖批发许可的便利店,向烟草制品零售企业或者个人提供烟草制品货源的,也可能被视为无烟草专卖批发企业许可证从事烟草制品批发业务。

(二)严禁同企业、同地区便利店间私自调剂卷烟

因企业内便利店销售量不一,部分便利店因烟草无法及时到货,可能会出现从同一地区的其他便利店私下调货应急的情形。每条卷烟的卷烟码段含有烟草专卖零售许可证编码,按照规定,是不允许随意调换的。资产收购的便利店若存有出让方的烟草,且本企业重新申办烟草专卖零售许可证的,应咨询当地烟草部门,避免被认定为未在当地烟草专卖批发企业进货。

(三)烟草销售的质量要求

严禁销售霉烂、变质的烟草。便利店应注意烟草验收,并将烟草存放于干燥场所,定期核验烟草情况,确保上架销售的烟草不出现霉烂、变质。发现霉烂、变质的烟草应及时与当地烟草机关取得联系,由烟草专卖行政主管部门或者有关行政管理部门监督销毁,不得私自处理。

六、损耗管理

在日常商品经营过程中，如因非人为因素造成商品破袋、变质等导致该商品无法继续进行销售，即认定该商品为损耗商品。损耗以不超过当月便利店商品销售总额的3‰为标准。便利店要严格加强商品日常管理，避免商品出现大范围损耗。如有发生商品损耗且在额定范围内的，按企业内部审批程序逐级上报审批。审批通过后，次月由企业财务部门按规定对盈亏结果做相应的财务处理。如损耗超过额定范围，不认定为损耗，该部分损失由便利店相关人员承担。便利店在销售过程中产生的人为损坏应自行承担损失。由于商品包装问题产生的破损，由供应商给予调换。

第三节 “互联网+”的模式运营

油品销售企业的非油品业务，可考虑从两个方面出发，一是依托现有的零售网点，发挥成品油的品牌优势，让用户认可企业的非油品业务，利用“互联网+”的模式扩大营业范围，使购买的行为得以实现。二是创建新的非油品品牌，相对独立于油品销售企业存在，再充分利用“互联网+”的模式做大做强。这两种模式，第一种是依托成品油的品牌优势和现有网点，第二种则是前期以现有成品油消费者群体为中心，全力开展非油品的业务模式。但无论哪种模式，作为油品销售企业来讲都更应该看清“互联网+”的重要意义。

“互联网+”从字面上很容易理解它的意思，就是互联网加上任意事物，目前普遍是指“互联网+传统行业”，这其中当然包含油品销售企业的非油品业务。这种相加并不是表面上简单的相加，而是通过有机整合，让互联网为传统行业创造新机遇、新发展。使传统行业更具适应性，从而不断地推进社会的总体发展。

一、"互联网+"的基本内容

(一)"互联网+"的深远意义

油品销售企业要深刻认知到,没有"互联网+"就没有非油品业务的未来,没有"互联网+"就意味着企业迟早被时代淘汰。2020年5月22日李克强总理在第十三届全国人民代表大会第三次会议的政府工作报告中明确指出了"全面推进'互联网+',打造数字经济新优势"的要求。"互联网+"在信息时代当中,是以一种新的经济形态存在的。

"互联网+"本身的发展,就已经促进了新一代信息技术与传统服务业、制造业的有机融合,不断地创新,不断地壮大。这种局面的存在,为打造新的产业增长点,大众创业、产业智能化提供了强力支撑,促进国民经济提质增效升级。油品销售企业在这波信息时代的洪流之下,屹立不倒的法宝只有顺应时代的发展,将"互联网+"有机地结合在油品和非油品的业务之中。

(二)"互联网+"含义

与"互联网+"同步存在的还有"+互联网",虽然并未明确两者之间的具体区别,但它们不可混为一谈。"传统行业+互联网"可以理解为把传统行业的部分内容搬到了互联网上,而"互联网+传统行业"是两者有机结合,开创新局面。"互联网+"绝不是要取代或是颠覆传统行业,而是对传统行业升级换代,谋求新发展。

(三)"互联网+"的新机遇和新发展

面对传统实体零售渠道的巨变,大家了解了"互联网+零售业"的基本内容,以产业链最终的零售环节作为切入点,全面结合国家战略发展思想,发扬"+"时代精神,践行时代要求,回归渠道本质,以变革来推进整个产业提升。[①] "'互联网+'不仅仅使互联网移动了、泛在了、应用于某个传统行业

---

① 赵轩.互联网+时代的教育变革与思考[M].北京:北京理工大学出版社,2019:9.

了,更主要的是‘互联网+’加入了无所不在的计算和数据等,造就了无所不在的创新”①,给我们带来了新机遇。当下,“互联网+”仍处于初级阶段,各领域内的传统行业正在尝试这种新的模式。在这种新模式的驱动下,新的机遇和挑战在等待着油品销售企业,尤其是发展空间更为广阔的非油品业务。

二、网上商城的前景分析和运营

网上商城是时代发展的产物,是信息时代下科技的重要应用。一些油品销售企业目前已经建立了网上商城,但这个网上商城是有局限性的,是区别于一般意义的网上商城的。因为商城的建立是以兑换为主,销售为辅,更像是一个积分兑换商城。如果油品销售企业想做大做强非油品业务,就必须要以非油品的销售作为中心,全面开展各项工作,这其中就包括网上商城的建立和运营。我们将从前景分析和运营的角度来了解网上商城的内容。

(一)网上商城的前景分析

1. 网上商城前景分析

网上商城与传统线下商城既相互依托,又相互独立。传统线下商城依托互联网采取线上线下齐头并进的模式。而无线下实体店的网上商城卖家又大量独立的存在。有人说,网上商城会完全取代线下商城。如果真的如此的话,或许那一天也会是网上商城消亡的一天。所以网上商城与传统线下商城有效配合才是长远之道。

2. 网上购物商品类别分析

在2019年网购商品类别中,洗护用品类占比最高,约为40.8%;美容彩妆类商品紧随其后,约占33.1%;食品饮料类约为32.2%;家居类用品约为31.7%;此外依次为家电数码、服装箱包、水果生鲜、母婴用品和营养保健

① 张枝军. 网店视觉营销[M]. 北京:北京理工大学出版社,2015:14.

产品。①

3. 网上商城的综合分析

随着社会经济和信息技术的继续发展,网上商城的发展面临着巨大的挑战和机遇。现在几乎各行各业都在搞跨界业务,都在搞“互联网+”,都在搞各类型的网上商城,商城的数量也在激增。这些都是初级阶段必须要经历的一个过程,也必将迎来大清洗。如何能在行业大清洗阶段使自己立于不败之地,这是大家需要充分考虑的。唯有发挥自身优势、取长补短、以信息化技术为核心竞争力、明确目标市场、分析竞争对手、把握市场特征、创新营销手段、提出网上商城行业市场进入和市场开拓策略,才能使自己有更大的生存和发展空间。

(二)网上商城的运营

1. 网上商城的建设

每个企业的商业模式和行业场景都是独一无二的,所以网上商城的运营模式对于大型企业来说会更加灵活多样。在大数据时代,数据私有化是必然趋势。网上商城建设,要做到高安全性,独立控制,独立部署。所有数据掌握在自己手中,安全性更高,不泄露会员信息。而且所有的数据都是本地的,二次开发会更加方便。还要做到高匹配,更灵活。企业可以根据自己的商业模式量身打造线上商城运营方案。我们不能受时间和规则的限制。我们也可以尝试更多的网上商城运营营销模式。

2. 网上商城的商品

企业网上商城运营也可以看作是一个正在运行的电子商务平台。如果商品选择单一,供货不及时,消费者就不能选择自己喜欢的商品。如果想展示品牌价值,也可以提供定制商品。经常性地吸引消费者对网上商城的关注是必要的。企业可以根据消费者特点选择回购率高的商品。

商品的管理主要是商品多级分类,通过品牌和标签,消费者更快在网上

---

① 艾媒新零售产业研究中心. 2019—2024 年中国化妆品电子商务行业发展模式研究与投资战略分析报告[R/OL]. (2019-11-04)[2022-01-27]. http://www.iimedia.cn/c400/66646.html.

商城中找到所需商品。订单的管理使网上商城系统订单分类明确、明细清晰、同步物流信息、消费者追踪订单更方便。会员的管理使精准的大数据可以细致地刻画消费者形象,按消费者的喜好推荐商品,既节省了消费者的时间,又提高了成交概率。随着网上商城会员等级提升,消费者还可获得更高的会员折扣,使购物更优惠。以上都要以消费者为核心。提高转化率的关键点还是以消费者为中心,不管网上商城系统建设还是运营都要以消费者的心理需求来确定。

网上商城系统首先要清楚的是如何让消费者进入网站,消费者进入网站后如何使其产生购买欲望,最后就是客服的服务,把握以上消费者的心理,有明确的方向,提高网上商城管理系统的转化率。网上商城管理系统的营销要从真正的消费者角度出发,而不是自以为的消费者需求。发布的内容不是想给消费者看的内容,而应该是消费者本身就需要的东西。同时,要掌握好发布的时间跟频率。善于分析消费者需求,网上商城管理系统对消费者需求分析也是很有必要的,因为产品都是卖给消费者的,如果连消费者需要什么都不了解,这样就很难将自己的产品推销出去。完善的网上商城管理系统可以对现有的消费者进行分类管理,对不同的消费者做好需求分析。

3. 网上商城的日常运营

开展网上商城运营积分活动,真正发挥网上商城的整体性。企业应明确活动目的,如会员激活反馈、节日营销等。常见的活动形式包括节假日、企业会员日、定制周期活动、热点营销等。

保证物流效率,关注消费者网购体验。仓储物流是伴随着电子商务而产生的,配送时效是关键。网上商城运营更应关注消费者的网上购物体验,进行实物兑换或以旧换新。无论是第三方企业的商品还是个体经营的商品,在仓储、包装、物流效率、售后服务等方面都要保证服务质量。

建立售后服务,提升消费者体验。顾客投诉会影响商家乃至企业的声誉。企业和商家应明确商品退换货信息,退货后积分不予退还。网上商城运营过程中遇到的问题应及时反馈和解决,并对部分活跃消费者进行回访或问卷调查。

做好数据统计，数据驱动运行。企业需要做好日常商品订单数量、日常消费积分、换货热点和消费者行为分析，建立会员群体档案，以优化网上商城运营策略，不断提供更好的服务。

(1)营销工作的重点

近年来，主流又老牌的综合购物网站的打折促销方式层出不穷，需要耐心计算才能弄清楚。消费者的心理呈两极分化的状态，网购成瘾族不会在乎这些，反而乐在其中；中老年人和普通消费者却觉得麻烦，算不明白，不够直观。网上购物的优势主要是便利、价格实惠及产品丰富。但目前的促销活动规则越来越复杂，这成为了网上购物的阻碍。所以一个网上商城要发挥好自己的优势才能长久生存。

(2)配送工作的重点

说到配送，无非是两种形式，一是到店自取，二是配送到家。目前，各个厂家的产品在质量上的差距越来越小，产品之间的差距往往表现在不同的品牌价值上，各商家的价格和利润水平也都旗鼓相当。消费者的要求在与日俱增，一些传统的模式已经无法满足消费者的需求，比如微小的降价对消费者的吸引力已越来越小，快速获得商品对于消费者则显得更具有吸引力。其实电子商务中“电子”部分只占工作的30%，这是消费者肉眼可见的。余下的70%，消费者不可见的那部分，包括物流、配送服务的体验，这才是电子商务的重要内容。

消费者服务是全世界都普遍重视的，商家与消费者的对接都可以用消费者服务来解决。接近消费者，提供令人满意的消费者服务是取得商业成功的有效途径。消费者服务可以提高消费者的满意度，同样也可以降低其满意度，甚至丢失掉现有消费者，这足以让任何商家都高度重视消费者服务。而在消费者服务中，据有关调查发现，有关物流配送方面，消费者对于物流的速度、包裹丢失、包裹损坏是最为在意的。因此在当下，除了商品本身之外，消费者对物流方面的需求也越来越高。

第四节　汽车后时代的业务拓展

近年来，综合服务商飞速发展，汽车后时代业务的重要战略目标是丰富油站功能、提升服务体验、增强客户黏性、构建综合生态圈的重要步骤，按照“品牌+资本+商品+服务”的发展方式，打造便利店休闲饮品、汽服、汽车环保产品、保险等“新兴产业”，全面做大做强汽车后时代业务。

一、汽服与洗车的发展

随着我国汽车市场政策的逐渐开放，以及汽车平均使用年限的增加，汽服市场存在巨大的发展空间，但是也存在法律法规不健全、品牌信任度低、消费者认知水平低等问题。正因为现在汽服产业的服务项目比较单一而且还有些分散，未形成行业品牌，让汽服产业成为未来重要的产业赛道。

据统计，2021 年全国新注册登记机动车 3674 万辆，机动车保有量已达 3.95 亿辆，其中汽车 3.02 亿辆。汽车后市场规模早在 2017 年就已突破万亿。而加油站与汽服消费场景具有很强的关联性，均在快速建立数据和服务相融合的汽车服务平台。随着中国汽车保有量的提升与车龄的增长，汽车后市场已经成为“新蓝海”。

根据人均 GDP 和千人汽车保有量，我国汽车市场仍将处于高速发展阶段。庞大的市场吸引着各大资本入局，催生出一批汽车后市场品牌。从汽服业角度，加油站汽服店因入口优势被业内看重。

可见，汽车后市场已成为开拓非油品业务的一大重要领域，开设汽服店的目的是积极探索非油品多元化经营方式，进一步完善加油站服务功能，实现加油站由单一成品油供应商向综合服务商转型。让顾客在为车辆加油的同时，充分享受便捷多元的汽服业务。这更是现场营销的好时机、促进非油品经营的重要手段。

此外，纵观整体的汽服行业，当前行业整体服务效能低，车主体验不到满意的汽后服务。为了让车主体验更满意的洗车养车服务，非油品业务企业将搭建汽后服务平台，一头连接起车主的服务需求，一头连接起合作的第三方汽服门店，通过规范服务，提升汽服品牌价值，使终端及消费者满意度不断提高，最终实现行业规范发展与多元汽服发展业态场景。

无接触智能洗车需求变得越来越旺盛。加个油顺便给爱车洗个澡，成了许多车主的习惯。智能无人洗车，洗车最快只用 3 分钟，24 小时随洗随走，价格只有传统的1/3，甚至有时候加油还可免费洗车，这就是加油站洗车点的“新常态”。

加油站洗车是一种很好的引流方式，诸如“加油送洗车”的营销活动，可以提升消费者对加油站的黏性，树立多样化高质增值服务的品牌形象，提高加油站现场车流量，以此产生强烈的联动效应，新消费者增加，油品零售业及非油品业务提升。

二、司机之家的建设与管理

（一）司机之家的功能及布局

“司机之家”是为运输车辆及驾驶人员提供服务的场所及设施，功能齐全，一般具有综合服务功能。应在高速公路服务区内、普通国省干线公路服务区（站）、物流通道货物集散地或者物流园区等地建设。遵循“经济实用、布局合理、节能环保、整洁美观”的原则，综合考虑道路运输车辆驾驶员集散特点、服务项目设施基础条件、行车安全和环境影响等因素规划建设规模。

提供安保、餐饮、休息、停车、宣传教育及淋浴、洗衣、如厕等基本服务，加快建设超市、住宿、汽车维修服务、道路救援等多样化特色服务。符合消防、卫生、节能、环保等国家相关法律法规的要求。在场地、室内等的显著位置设置监督公示栏、经营性服务项目及收费标准、公开服务项目及承诺等，显著位置张贴服务监督电话。

（二）持续开创新的“司机之家”运营模式

各级主要部门要根据道路货运车辆检测、证照审验等实际需求，研究开发行政服务终端系统，拓展“司机之家”行政审批业务办理、货车司机入会申请等服务功能，搭建便民服务驿站。

“司机之家”经营单位加强与油品销售企业、银行金融机构、“互联网＋”货运平台企业、信息服务、ETC发行单位的合作，将金融贷款、优惠加油、ETC办理等延伸至“司机之家”，实现优势互补合作共赢，为司机及乘客提供优惠便利服务。

“司机之家”经营单位配备法律法规、安全教育等资料及影像，促进货车司机安全文明驾驶并提升职业素质。要进一步探索开展车辆维修保养、紧急救援、保险理赔等新服务功能，将“司机之家”打造成为提升行业安全管理和救助服务水平的“前沿阵地”。

（三）完善“司机之家”经营鼓励政策

各级部门要积极组织研究一些鼓励支持政策方案，对“司机之家”建设运营给予政策方面的支持和配套经费补助，积极引入社会资本继续投入资金。要组织“司机之家”建设运营单位及时在交通运输部通信信息中心开发“司机之家”APP，充分利用报刊、互联网、移动新媒体以及“司机之家”APP等渠道，大力宣传“司机之家”多元的服务功能，让广大货车司机真正体会到“司机之家”的贴心服务。

（四）需求导向多元服务多方共赢

推进“司机之家”建设，就是要切实改善广大货车司机的生产、生活条件，更好地满足货车司机的日常生活需求，消除他们的疲劳，保障行车安全。在建设推进过程中，紧紧围绕货车司机的基本出行和生产生活服务需求，通过发放问卷、网络调查等方式，深入了解货车司机的停车休息需求，并聚焦吃住消费、淋浴洗衣、加油维修等基本诉求，完善服务设施，丰富服务功能，让货车司机感受到尊重与关爱，使“司机之家”成为“流动的驿站、温馨的家园”。

创新引领、多方共赢。除了为货车司机提供贴心服务，“司机之家”还对企业可持续发展、物流业降本增效发挥重要作用。依托“司机之家”建立起连接制造商、销售商、物流服务商、货运车辆的物流信息网络，能够有效集聚货源企业、车辆、货运信息等资源，为入驻的货车司机免费提供货运配载信息服务，既减少了司机配货等待时间，也提高了货源企业运输效率和效益。

三、业务多元化，打造人车生活驿站

为了以更加灵活的运营方式更好地服务消费者，真正为社区居民提供便利,在保障消费者、员工健康安全的前提下,积极转变思维,组织推动便利店服务升级,以便利店为服务点,为周边居民消费者生活所需提供服务保障,以优质的服务赢得消费者的信赖。

加油站便利店迅速转变非油品销售模式,以米面粮油、瓜果蔬菜、日用百货等居家刚需商品为重点,以品质保证、消毒到位、物品齐全、价格实惠、送货上门等优势,对营销资源进行定向整合,推进服务升级。改变以往侧重实体站点营销的策略,宣传重心向朋友圈、业主群、站长消费者群等网上营销转移,同步制定出台专项营销方案和宣传页面,加大宣传力度。全面加强防护,特别强调上门服务的安全措施,严格要求员工做好自身安全防护,对商品专门消毒,并做到与消费者无接触交接。

便利店网上转型营销成效显著,店员利用小区居民微信群、朋友圈等渠道开展线上营销,以减少直接接触带来的风险。“营销”这个最简单的动词,传递着这个城市蛰伏的时代力量,也演绎着城市间最暖人心的人间烟火。

四、新时代下非油品的未来展望

(一)开展资本运作,着力推进金融保险业务

传统的非油品业务一般集中在便利店、汽车服务、餐饮、广告等项目,对于开发新的业态相对保守,因此要进一步开发探索资本运作,大力推进开展金融及保险新业态。

主要有以下几个方面:一是以车险为核心,打造创新型保险业务发展模式,成立保险直销合资公司,大力发展以车险业务为主、代理寿险业务为辅的保险业务,打造具有核心竞争力的创新型保险业务模式。二是开发自有第三方支付业务系统,早日获得银行卡收单、移动支付等经营执照,节约结算成本,获取结算利差和营销资源。三是开发境内外实体公司,多渠道低成本融资,利用现金流优势,在风险可控的前提下,灵活审慎开展资金运作,实现资金管理最大化收益。

(二)引入先进理念引导创新,摆脱旧式制度束缚

创新必须要有制度的约束,非油品业务要想快速发展必须要有先进的

制度予以保障和监督。建立考核与核算体系主要分以下三个方面:第一要制定考核目标。企业要从提高员工综合素质,提高组织的工作效率和效果的角度出发,依据整体战略布局并结合实际情况制定年度考核目标,将月标细化到具体岗位,制定下发相应岗位的职能目标。第二要明确考核管理组织与责任。要专门成立公司考核管理机构,切实保障考核与核算机制的有效运行。第三要建立起集规模、品质、服务等指标于一体的考核评价体系,进一步加强绩效管理。另一方面,明确考核制度要兼顾企业的长短期利益和员工的个人利益,激励员工不断提升工作效能,从而提高公司整体的工作效能。

创新要加强人员配置,充分激发公司活力。设置专业零售与非油品创新研发岗,进一步强化零售与非油品创新工作。充分利用公司处于市场竞争的前沿阵地了解市场,将权限和工作下移,激发非油品活力,增强竞争的主动权。

(三)扩大品牌影响力,加大品牌的推广力度

充分利用广播、网络、电视、平媒等多元化传播平台,快速提升市场消费者对品牌的认知度。要统一所有门店装修设计,统一制定贴近市场的价格策略,逐步形成“质量保证,价格合理,方便实惠”的品牌定位,提高消费者对品牌的接受度、认可度及忠诚度。

在当前新形势下,石油销售本身已经进入了低利润的时代,全力发展非油品新业务是每个石油销售企业的必然选择。因此,转变传统观念,认识到发展非油品业务的重要性和必要性,由过去的被动营销变为主动营销、主动创新,从长远的目标去找到公司非油品业务的发展方向及目标。在战略选择上要按照“既能发挥企业现有优势,又能突出特色,形成较大行业影响力”的思路,一方面持续推动便利店的模式创新,另一方面坚定不移拓展非油品新业务,运用互联网思维和跨界融合理念,创新商业模式,搭建线上线下服务平台,将“打造综合服务商”的战略构想落到实处,保持非油品新业务营业额高速增长。

抓住互联网经济机遇,着力打造线上服务平台。一是开发统一的互联网综合交易平台,整合非油品、油品、供应商与合作伙伴的营销资源;二是大

力开展跨界营销和组合营销模式;三是以 CRM 系统和大数据分析为基础,进一步推广 O2O 商业模式。突出推广重点自有品牌商品,分品类制定营销方案,科学限定“油非互动”商品种类,使“油非互动”真正形成互相促进,着力培育自有品牌商品及核心商品的竞争力。

(四)专业的门店运营系统,协同高效的供应链

专业的门店运营系统,要做好运营管理的核心任务——以消费者为中心、分析消费者需求、抓住现场管理、学习专业知识。加强专业化的门店运营管理,门店要做到系统合理订货。建立便利店管理和服务人员的培训与监督体系,建立门店服务的评价体系,制定和完善相应的标准。完善创新的门店商品营销管控系统,建立以消费者为中心的营销体系。紧紧围绕油品消费者资源,采取“油非互动,交叉营销”等方式,提高消费者进店消费率。

开发协同高效的供应链管理系统,根据非油品业务发展需要,因地制宜采取租赁、自建、合作等方式,建设区域配送中心、省级配送中心和中央仓的三级配送体系,实现标准化、信息化、自动化、机械化的物流经营模式,达到高水平的社会化物流作业水准。建立门店、配送中心、供应商之间的销售,库存信息交换机制,建立以销售预测为驱动的门店自动补货和供应商按单生产的模式。根据发达国家及地区非油品业务发展的经验,在加油站配置服务项目时应统一规划、科学合理设计,充分考虑周围市场的经济发展水平、消费者流量、消费者需求与消费习惯等因素。根据发展的区位功能及服务群体对象,可有针对性地开发非油品服务项目。

参考文献

[1] 约翰逊,弗林. 采购与供应管理(原书第 15 版)[M]. 杜丽敬,译. 北京:机械工业出版社,2020.

[2] 艾媒新零售产业研究中心. 2019—2014 年中国化妆品电子商务行业发展模式研究与投资战略分析报告[R/OL]. (2019 - 11 - 04)[2022 - 01 - 27]. http://www.iiMedia.cn/c400166646.html.

[3] 陈联刚. 电子商务基础与实训[M]. 武汉:华中科技大学出版社,2017.

[4] 董国永,赵朝成. 石油天然气工业健康、安全与环境管理体系培训教程[M]. 北京:石油工业出版社,2000.

[5] 窦坤芳. 现代物流管理[M]. 北京:国防工业出版社,2011.

[6] 科特勒,凯勒,洪瑞云,等. 营销管理(亚洲版 · 第 6 版)[M]. 王永贵,金夏芳,王帅,等译. 北京:中国人民大学出版社,2020.

[7] 耿孝恒. 基于环保的油气储运技术管理研究[M]. 北京:煤炭工业出版社,2017.

[8] 何启忠. 成品油定价机制改革背景下成品油销售企业的发展机遇与对策[J]. 中国市场,2017(31):91 - 92 + 94.

[9] 贺永德. 天然气应用技术手册[M]. 北京:化学工业出版社,2009.

[10] 后东升,周伟. 零售店商品陈列技巧[M]. 深圳:海天出版社,2007.

[11] 黄维秋. 油气回收基础理论及其应用[M]. 北京:中国石化出版社,2011.

[12] 李喜梅. 供应链管理[M]. 西安:西安交通大学出版社,2016.

[13] 苗金明. 事故应急救援与处置[M]. 北京:清华大学出版社,2012.

[14] 石永春,张永国. 油库技术管理[M]. 2 版. 北京:中国石化出版社,2007.

[15] 乔普拉. 供应链管理:第 7 版[M]. 杨依依,译. 北京:中国人民大学出版社,2021.

[16] 唐孝辉. 习近平:绿水青山就是金山银山[EB/OL]. (2015 - 11 - 10)[2021 - 09 - 30]. http://theory. people. com. cn/n1/2017/0608/c40531 - 29327210. html.

[17] 汪楠. 物流管理理论与实务[M]. 北京:清华大学出版社,2020.

[18] 王剑华,马军伟. 商务谈判实务与综合实训[M]. 北京:北京交通大学出版社,2017.

[19] 王珊. 习近平:冰天雪地也是金山银山[EB/OL]. (2016 - 07 - 11)[2021 - 09 - 30]. http://theory. people. com. cn/gb/n1/2017/0608/c40531 - 29327519. html.

[20] 王玉荣,葛新红. 流程管理[M]. 5 版. 北京:北京大学出版社,2016.

[21] 王忠东,廉勇. 给石油工人的健康安全枕边书[M]. 青岛:青岛出版社,2013.

[22] 杨依军, 伍岳, 曹嘉玥. 世界变局中的中国担当——习近平主席在第七十五届联合国大会一般性辩论上的重要讲话系列解读之一[EB/OL]. (2020 - 09 - 23)[2021 - 09 - 30]. http://www. xinhuanet. com/politics/2020 - 09/23/c_1126532614. htm.

[23] 张枝军. 网店视觉营销[M]. 北京:北京理工大学出版社,2015.

[24] 赵超, 董峻. 习近平:坚决打好污染防治攻坚战 推动生态文明建设迈上新台阶[EB/OL]. (2018 - 05 - 19)[2021 - 09 - 30]. http://www. xinhuanet. com/politics/leaders/2018 - 05/19/c_1122857595. htm.

[25] 中国石化销售有限公司. 加油站操作员:上册[M]. 北京:中国石化出版社,2017.

[26] 中国石化销售有限公司. 加油站操作员:下册[M]. 北京:中国石化出版社,2017.

[27] 中国石油化工集团公司. 石油储备库设计规范:GB 50737—2011[S]. 北京:中国计划出版社,2011.

[28] 中国石油化工集团公司. 石油化工企业设计防火标准:GB 50160—2008(2018 年版)[S]. 北京:中国计划出版社,2018.

[29] 中国石油化工集团公司. 石油库设计规范:GB 50074—2014[S]. 北京:中国计划出版社,2015.

[30] 中国石油化工集团公司安全环保局. 中国石油化工集团公司安全生产监督管理制度[M]. 北京:中国石化出版社,2004.

[31] 中华人民共和国中央人民政府. 中共中央国务院关于深入打好污染防治攻坚战的意见[R/OL]. (2021 - 11 - 07)[2022 - 01 - 10]. http://www. gov. cn/zhengce/2021 - 11/07/content_5649656. htm.

[32] 周北海,陈月芳,袁蓉芳,等. 环境学导论[M]. 北京:化学工业出版社,2016.

后 记

当今世界，正在经历深刻的大变革、大调整和大发展，处在能源革命风口浪尖的中国石油工业面临前所未有的深刻变化，同时也迎来了千载难逢的历史机遇。伴随着互联网、大数据、云计算和人工智能的高速普及，智能化劳动工具、信息化管理平台几乎覆盖了生产经营全领域、全要素和全过程，重塑了石油工业产业链、石油技术价值链和石油销售生态链的行业格局，推动我国化石能源领域迈向国际化、高端化和未来化。

从“石油工人一声吼，地球也要抖三抖”的激情豪迈，到“藏油于地，藏油于技”为石油行业的发展插上了腾飞的翅膀，历史的车轮滚滚向前。国家提出了碳达峰和碳中和的双碳政策，那么作为油品销售企业，探索低碳成长之路，成为当前和今后一个时期的课题。随着新能源领域的蓬勃发展，一幅油品销售企业绿色生态优先、蓝色健康发展、黑色科技支撑、油气氢电服共同发力的新画卷正在徐徐展开。

本书的出版，得到了黑龙江中铁龙禹石油有限责任公司各股东的大力支持和相关领导的悉心指导，特别鸣谢企业中层干部曹平经理和汤华力经理对本书理论方面和实操方面参考资料的提供。感谢企业员工刘强、王博源的相关知识分享。请销售战线领导同人和读者朋友们提出宝贵意见，分享宝贵经验，以期更加完善。